DESCOBRINDO
A PRONÚNCIA DO INGLÊS

Camilla Dixo Lieff
Elizabeth M. Pow
Zaina Abdalla Nunes

# DESCOBRINDO
# A PRONÚNCIA DO INGLÊS

SÃO PAULO 2014

Copyright © 2010, Editora WMF Martins Fontes Ltda.,
São Paulo, para a presente edição.

1ª edição 2010
3ª tiragem 2014

Tradução
JULIANA BERTOLOZZI
para o português dos textos originalmente redigidos em inglês

Gravação
CB Sound Solutions
**Acompanhamento editorial**
Helena Guimarães Bittencourt
**Preparação do original**
Renato da Rocha Carlos
Vadim Nikitin
**Revisões gráficas**
Ana Maria de O. M. Barbosa
Ana Maria Alvares
**Edição de arte**
Adriana Maria Porto Translatti
**Produção gráfica**
Geraldo Alves
**Paginação**
Moacir Katsumi Matsusaki

Dados Internacionais de Catalogação na Publicação (CIP)
(Câmara Brasileira do Livro, SP, Brasil)

Pow, Elizabeth M.
 Descobrindo a pronúncia do inglês / Camilla Dixo Lieff,
Elizabeth M. Pow, Zaina Abdalla Nunes ; tradução Juliana
Bertolozzi. – São Paulo : Editora WMF Martins Fontes, 2010.

 Bibliografia.
 ISBN 978-85-7827-256-2

 1. Inglês – Estudo e ensino 2. Inglês – Pronúncia 3. Línguas – Estudo e ensino I. Nunes, Zaina Abdalla. II. Lieff, Camilla Dixo. III. Título.

10-02534  CDD-428.1

Índices para catálogo sistemático:
 1. Inglês : Pronúncia : Linguística aplicada  428.1
 2. Pronúncia : Inglês : Linguística aplicada  428.1

*Todos os direitos desta edição reservados à*
**Editora WMF Martins Fontes Ltda.**
*Rua Prof. Laerte Ramos de Carvalho, 133 01325-030 São Paulo SP Brasil
Tel. (11) 3293.8150 Fax (11) 3101.1042
e-mail: info@wmfmartinsfontes.com.br http://www.wmfmartinsfontes.com.br*

Para Camilla e Zaina.

# ÍNDICE

Agradecimentos .................................................. XI
Prefácio de Sandra Madureira ................................. XIII
Foreword by Robin Walker ..................................... XV
Introdução ....................................................... XVII
Orientando o seu trabalho ..................................... XXIII

PARTE 1
DESCOBRINDO OS SONS DO INGLÊS (I) E DO PORTUGUÊS DO BRASIL (PB)

UNIDADE 1
Produção oral e inteligibilidade no Português do Brasil ........ 3

UNIDADE 2
Produção oral e inteligibilidade em inglês ..................... 4

PARTE 2
O QUE A PALAVRA CONTÉM?

UNIDADE 3
Os símbolos fonéticos ........................................... 10

UNIDADE 4
O que faz a língua inglesa soar como tal? ...................... 16

UNIDADE 5
Vogais ou monotongos ........................................... 18
   5.1. /iː/ (*Eve*) e /ɪ/ (*Nick*) ................................... 18
   5.2. /e/ (*Ted*) e /æ/ (*Pat*) ..................................... 22
   5.3. Comparação entre /ɪ/ (*Nick*), /e/ (*Ted*) e /æ/ (*Pat*) ....... 25
   5.4. /ɑː/ (*Bart*) ................................................. 26

5.5. /ʌ/ (*Chuck*) .................................................. 27
5.6. /ɔ/ (*Bob*) ..................................................... 29
5.7. /ɔː/ (*George*), válido apenas para o I britânico ........... 30
5.8. /ʊ/ (*Bush*) e /uː/ (*Sue*) ................................... 31
5.9. /ɜː/ (*Pearl, Herbert*) ........................................ 33
5.10. /ə/ (*S<u>a</u>manth<u>a</u>, Jessic<u>a</u>, Thom<u>a</u>s, Pet<u>e</u>r*) ................. 35
5.11. As vogais em conjunto ................................. 38

UNIDADE 6
**Ditongos** ......................................................... 41

UNIDADE 7
**Consoantes: da articulação à distribuição** ...................... 42
7.1. /p/ (*Pat*), /t/ (*Ted*), /k/ (*Kate*) ........................... 44
7.2. /tʃ/ (*cherry*) e /dʒ/ (*Jerry*) ............................... 49
7.3. /θ/ (*Matthew*) ............................................... 51
7.4. /ð/ (*Heather*) ............................................... 53
7.5. /h/ (*Hugh*) .................................................. 54
7.6. /r/ (*Ray*) ................................................... 54
7.7. /j/ (*Yago*) .................................................. 56
7.8. /w/ (*William*) ............................................... 56
7.9. /l/ (*Carol*), /m/ (*Tom*), /n/ (*Anne*) e /ŋ/ (*young*) ......... 57

UNIDADE 8
**Consoantes finais travadas, vogal intrusiva e combinações consonantais** ..................................................... 63
8.1. Consoantes finais travadas ............................. 63
8.2. Vogal intrusiva ou *bug vowel* .......................... 65
8.3. Combinações consonantais .............................. 66
8.4. Combinações com /s/ (*Steve*) .......................... 67
8.5. Finais em *-s*: uma combinação ou uma sílaba? ........... 68
8.6. Finais em *-ed*: combinação ou sílaba? .................. 72

UNIDADE 9
**Pronúncia e ortografia** .......................................... 77
9.1. Como pronunciar o grafema *u*: "U can be a problem" .... 78
9.2. Letras mudas ........................................... 80

UNIDADE 10
**Acentuação** ...................................................... 82

## PARTE 3
## O QUE A FRASE CONTÉM?

UNIDADE 11
Padrões de acentuação da frase .................................. 91

UNIDADE 12
Ligação ......................................................... 97

UNIDADE 13
Simplificações, elisões (ou síncopes), formas fracas
e contrações .................................................... 100

UNIDADE 14
Entonação ....................................................... 101

Respostas ....................................................... 109

## APÊNDICES
A – O inglês no mundo ........................................... 147
B – Organizador de sons e soletração ............................ 151
C – Organizador de acentuação silábica .......................... 152
D – Bibliografia ................................................ 154

Participantes das gravações ..................................... 163

# AGRADECIMENTOS

Às nossas famílias, aos nossos amigos, colegas e alunos

A todos os que colaboraram direta e indiretamente
para que nosso projeto se concretizasse

À Profa. Dra. Sandra Madureira pela colaboração valiosa

À Associação Brasileira de Cultura Inglesa
pelo apoio financeiro à fase inicial deste projeto

# Prefácio

Falar uma língua estrangeira, ser compreendido e compreender o que outro falante expressa nessa língua são metas que se revestem de relevância no contexto do ensino-aprendizagem de línguas estrangeiras. Não poderia ser de outra maneira, dada a importância comunicativa que a fala tem. Afinal, a fala exerceu um papel primordial na sobrevivência e na evolução humana. Como bem ressaltou Firth (1937), o homem é, por excelência, um animal fonético.

É, também, fato que a fala remete essencialmente à variação e que os sons variam de acordo com fatores de natureza linguística ou não, tais como: o contexto fonético, a interação entre prosódia e segmento, atitudes, estados afetivos, idade, sexo, região de origem, grupo social e condição física. Do ponto de vista linguístico, todos nós falamos com sotaque, ou seja, pronunciamos os sons de uma certa maneira.

O interesse em relação à pronúncia no contexto de aprendizagem de língua estrangeira foi ressaltado em uma pesquisa, desenvolvida por Harlow and Muyskens (1994), a qual abrangeu um vasto número de alunos de espanhol e francês como língua estrangeira. Esses alunos, falantes nativos de língua inglesa, atribuíram um alto grau de importância ao aprendizado da pronúncia.

De fato, ao adquirirmos a língua materna, passamos a não perceber as características fonéticas que não são relevantes para a distinção dos sons nessa língua e, ao nos defrontarmos com uma língua estrangeira, precisamos desenvolver estratégias para superar essa limitação e criar novas categorias de sons. É, portanto, necessário que desenvolvamos habilidades de discriminação, identificação e imitação de sons. Como aponta Flege (1995) na sua proposta do *Speech Learning Model*, uma das dificuldades que os aprendizes de uma língua estrangeira enfrentam é não criar uma nova categoria de som e assimilar duas classes de sons distintos na língua estrangeira a uma só categoria da língua materna. Essa situação pode afetar tanto a produção quanto a compreensão orais. Outro desafio são as alterações que acontecem na cadeia da fala.

O livro *Descobrindo a pronúncia do inglês*, escrito por Camilla Dixo Lieff, Elizabeth M. Pow e Zaina Abdalla Nunes, aborda a questão da pronúncia da língua inglesa para brasileiros. Apresenta-se como fruto de uma longa e profícua experiência dessas professoras-pesquisadoras no ensino da língua inglesa.

A vivência de sala de aula e o espírito de investigação dessas professoras produziram uma obra que deve beneficiar aqueles que procuram aprimorar seu conhecimento sobre os sons da língua inglesa, principalmente no contexto brasileiro.

O livro, que vem acompanhado de 2 CDs, sugestões de resolução às atividades propostas e apêndices, é organizado de tal modo a levar o leitor a refletir sobre as diferenças entre os sons da língua inglesa e da língua portuguesa; considerar o distanciamento das formas escrita e falada; desenvolver a escuta: atentar para características das variantes do inglês (britânica, americana, sul-africana, australiana, neozelandesa, escocesa, irlandesa, entre outras); e a praticar a pronúncia dos sons em língua inglesa, variante britânica padrão. Tem também o mérito de não desvincular a pronúncia da situação comunicativa, integrando a exploração sobre o sistema de sons da língua inglesa à consideração dos aspectos de inteligibilidade e compreensão oral.

As atividades propostas aos leitores são de variada natureza e estimulam o leitor a desenvolver suas competências e habilidades instrumentais. Dessa maneira, a obra de Camilla Dixo Lieff, Elizabeth M. Pow e Zaina Abdalla Nunes responde à demanda daqueles que se interessam em alcançar bom desempenho em situações de comunicação oral em inglês como língua estrangeira e abre um caminho para um aprendizado autossuficiente.

Profa. Dra. Sandra Madureira
Coordenadora do Laboratório Integrado
de Análise Acústica e Cognição da PUC-SP

# Foreword

When Henry Sweet published *The Practical Study of Languages* at the end of the 19th century, he held that the findings of the then newly-formed science of phonetics should be applied not only to training teachers, but also to the teaching of the language itself. Indeed, such was the importance Sweet gave to pronunciation that he held that it was vital for the learner, as well as the teacher, to acquire a knowledge of phonetics.

Well into the second half of 20th century, Audiolingualism continued to give pronunciation a significant place in English language learning, but the advent of Communicative Language Teaching in the 80s brought a qualitative shift in goals. These moved away from the previous focus, which had been predominantly on individual sounds, and were replaced by a far greater preoccupation with the suprasegmental features of rhythm and intonation. At the same time the goal of native-speaker performance became increasingly perceived as unrealistic, and was replaced by that of communicative efficiency.

Unexpectedly, the requirement to teach pronunciation through communicative activities had a negative effect on pronunciation materials in coursebooks. Perhaps because writing truly communicative activities proved to be harder than expected, or because coursebook writers were investing their energies in coming to terms with notional-functional syllabuses, during the 80s pronunciation materials largely disappeared from the very coursebooks that claimed to be communicative. The situation has improved over the last decade, but the fact remains that if you skim through current ELT materials or browse through recent conference programmes, you will see that pronunciation still occupies a minority space.

Yet time and again research and experience have suggested that competence in pronunciation is central to competence in English. Students themselves are acutely aware that their fluency when speaking is seriously compromised if they have doubts about their pronunciation.

Poor pronunciation also badly affects a learner's listening skills, an issue that has been repeatedly brought to our attention for some time now. Nor is the impact of poor pronunciation limited to the spoken language. On numerous occasions I have been able to trace errors in my students' written work, back to errors in their pronunciation. But particularly surprising in terms of written English was Dr Catherine Walter's closing remark to a paper she gave at the 42nd IATEFL Conference at Exeter in 2008. The paper was primarily about competence in second-language reading. The parting remark from this highly respected ELT author and researcher was, effectively, that if we wanted our students to read better in English, we needed to work on improving their pronunciation.

In the light of this central role of pronunciation in the wider English language learning process, I whole-heartedly welcome the publication of *Descobrindo a pronúncia do inglês*. Not only because it responds so well to Henry Sweet's prophetic call for the teaching of pronunciation both to learners and teachers, but also because it does so from the basis of the learner's first language phonology, a resource that is still all too often ignored. Moreover, the book is written from an awareness of the role English now plays as a *língua franca*. As a result of this new role, the act of "(re)discovering" is one we will constantly need to perform in the future as the exact form of the language evolves through use, especially with regard to pronunciation.

It is a pleasure, then, to offer this Foreword. With its '*think global, act local*' approach, *Descobrindo a pronúncia do inglês* is an important contribution to the resources now available to teachers of English in Brazil. This contribution comes from three authors who have already given so much to the teaching of pronunciation, including the founding of the Braz-TESOL Pronunciation Special Interest Group back in 1993 by Camilla and Zaina. My only regret, and it is the very deepest of regrets, is that these two founding members of the SIG are no longer with us to see the fruit of their labours, and to receive the praise and thanks they so richly deserve.

Robin Walker<br>
Editor of *Speak Out!*<br>
Newsletter of the IATEFL<br>
Pronunciation Special Interest Group.

# Introdução

**O que é *Descobrindo a pronúncia do inglês*?**

Trata-se de um guia para estudo individual, que pode ser utilizado como parte de um programa de aperfeiçoamento linguístico, bem como material de apoio a cursos de pronúncia ou ainda como referência em programas de formação docente e desenvolvimento para professores de inglês.

**Como surgiu a ideia deste projeto?**

A ideia da publicação, que inicialmente contou com o apoio da Cultura Inglesa de São Paulo, partiu do dr. Huw Williams, então representante do Conselho Britânico e diretor acadêmico da instituição.

Desde 1993, porém, realizamos pesquisas com estudantes da língua inglesa em institutos e universidades e com professores iniciantes ou experientes dos setores público e privado, para determinar suas necessidades em matéria de pronúncia. Essas pesquisas nos têm fornecido evidências suficientes para afirmar que as necessidades desse público em seus vários contextos educacionais e profissionais sugerem um aprimoramento da competência linguística, entendida aqui não só como produção oral, mas também como compreensão oral. Tratando-se em especial da formação docente, ainda há carência de materiais específicos. O Apêndice D apresenta um resumo do levantamento desse tipo de material.

**Quais os objetivos de *Descobrindo a pronúncia do inglês*?**

Este livro visa primordialmente auxiliar seus leitores a aperfeiçoar a pronúncia da língua inglesa, complementando o que já aprenderam e vivenciaram, ou seja, as experiências de vida extraídas de outros contextos socioculturais e também de sua primeira língua.

Um segundo objetivo do livro é estimular seus leitores a participarem de um processo de desenvolvimento da competência linguística, que consiste em:

a) descobrir seus recursos internos, concentrando-se no que já sabem ou no que já trazem como familiar de sua primeira língua;

b) construir sua autoestima e sua autoconfiança como ouvintes e falantes;

c) estimulá-los a adquirir consciência de *como* aprender a pronúncia (o processo) em conjunto com *o quê* aprender (o conteúdo), tendo por finalidade um aprendizado mais independente;

d) fazer entender a pronúncia de um ponto de vista amplo, integrado com as habilidades orais de compreensão e expressão "como maneiras de negociar significados em discursos", segundo Barbara Seidlhofer, em vários contextos sociais;

e) aperfeiçoar o conhecimento e a compreensão do sistema fonológico da segunda língua;

f) capacitar o professor a abordar o ensino da pronúncia de maneira integrada, segura e crítica.

**Como este livro está organizado?**

1) Componentes: o livro (dividido em unidades) e os CDs autodidáticos.

2) Características principais de cada unidade:

    a) *reflexão*: o leitor é encorajado a comparar aspectos da pronúncia em inglês (I) e em português do Brasil (PB) e a analisá-los ou formular hipóteses sobre eles, a partir de sua experiência como aprendiz de I e falante de PB;

    b) *prática*: após refletir e analisar elementos específicos de pronúncia, são propostas atividades que lhe permitem verificar como funciona cada elemento no fluxo vivo da língua.

3) Algumas unidades incluem: resumos que apresentam dificuldades frequentes de pronúncia; dicas de como lidar com elas; tabelas, quadros

e diagramas que ajudam o leitor a descobrir e generalizar as características da pronúncia do inglês e, ao mesmo tempo, usá-las como referência.

4) Conteúdo:

– A Parte 1 visa instigar o leitor a reencontrar-se com os sons do I e do PB pelo ponto de vista da percepção e da produção oral, bem como da inteligibilidade, na fala de leitores nativos do I e do PB.

– A Parte 2 focaliza os elementos de pronúncia contidos nas *palavras*: vogais, ditongos, consoantes e suas combinações, representações fonéticas e ortográficas, acentuação e entonação. Ao fazer esse exercício de *zoom in*, como diz Grant (2001), o leitor perceberá com facilidade a recorrência de todos esses elementos na fala corrente espontânea quando fizer o *zoom out*.

– A Parte 3 atenta para os elementos de pronúncia no contexto da *frase* e do *discurso*.

– Os Apêndices:

A – O inglês no mundo

B – Organizador de sons e soletração

C – Organizador de acentuação silábica

D – Bibliografia

**Qual é o caráter diferencial deste livro?**

As publicações voltadas à aprendizagem da pronúncia tendem a se concentrar em características segmentais (basicamente vogais e consoantes), que às vezes não atendem às necessidades dos falantes de PB estudantes de I.

Aqui, a proposta central é conscientizar o aprendiz da língua inglesa acerca das dificuldades de pronúncia comuns entre falantes brasileiros e auxiliá-lo a relacioná-las a contextos de comunicação nos quais os significados são negociados.

O caráter diferencial deste livro, portanto, reside em sua abordagem do problema, pois ele:

a) integra a pronúncia ao desenvolvimento das habilidades orais de compreensão e produção, e também a aprendizagem da pronúncia às necessidades de comunicação;

b) valoriza o conhecimento sistêmico da primeira língua;

c) ajuda a estabelecer e a entender as relações entre os sistemas da primeira e da segunda língua;

d) ajuda a descobrir como tais relações podem dificultar ou facilitar a compreensão e a expressão oral;

e) desconstrói a visão equivocada do "erro" como elemento impeditivo ou como deficiência de aquisição, entendendo as dificuldades como apoio para chegar à segunda língua;

f) contempla diferentes estilos de aprendizagem.

Embora *Descobrindo a pronúncia do inglês* reflita a formação das autoras, que se baseia no inglês britânico padrão (RP), como descrito por Daniel Jones no início do século XX, tentamos fazer com que o leitor tenha contato com o inglês norte-americano padrão (GA), como descrito por Celce-Murcia (1996), por meio de comparações entre os dois sotaques e breves exemplos e explicações.

Mas é importante ressaltar que nas duas últimas décadas os estudos e as discussões a respeito de pronúncia voltaram-se a mudanças significativas na língua inglesa como língua internacional (EIL) ou como língua franca (ELF), particularmente quanto a algumas questões (Jenkins, 2007).

1) Com a expansão da comunicação em inglês entre falantes não nativos e com o número crescente desses falantes pelo mundo, levanta-se a questão da propriedade da língua inglesa: "do ponto de vista social ou sociocultural, a língua inglesa passa a ser de domínio público e não mais de seus falantes nativos, sejam eles britânicos, americanos, canadenses, sul-africanos etc. De quem é o inglês? De ninguém e de todos" (Nunes, 2006).

2) O conceito de sotaque próximo ao de um falante nativo da língua inglesa como requisito básico para a competência linguística tem sido discutido segundo os critérios e objetivos de inteligibilidade e aceitabilidade, assim como exposição a uma variedade de diferentes sotaques (Keys, 1999). Entretanto, dependendo de suas necessidades pessoais ou profissionais, alguns aprendizes podem almejar um melhor desempenho. Isso se aplica, em especial, aos professores de inglês. A nosso ver, eles não devem ser desestimulados a alcançar a pronúncia mais inteligível possível.

3) Um crescente número de "professores não nativos está ensinando inglês em todo o mundo" (Harmer, 1991; Kamhi-Stein, 2004). Isso tem feito aumentar e fortalecer a percepção da necessidade de um ensino competente de pronúncia, de forma que os falantes de EIL consigam se fazer entender na comunidade global (Graddol, 2006; Jenkins, 2003; Nunes & Pow, 2008).

# Orientando o seu trabalho

O diagrama abaixo resume a proposta deste livro sob o ponto de vista linguístico. Partindo do princípio de que a PALAVRA é a menor célula que contém grande parte dos elementos de pronúncia de uma língua, iniciamos por ela e por todas as suas características fonológicas, conforme mostram as setas. Por exemplo: vogais, ditongos e consoantes. Em seguida, chegamos ao nível da ORAÇÃO, no qual todos os elementos da palavra são recorrentes, além daqueles estritamente pertencentes à oração, tais como acentuação silábica, ligação, contrações e outros padrões entoacionais. Por último, temos o SIGNIFICADO, presente em todos os elementos individuais e em conjunto.

É importante ressaltar que o movimento da palavra para a oração também pode se dar da oração para a palavra. Isso quer dizer que a pronúncia pode ser trabalhada tendo como ponto de partida tanto o contexto da palavra como o da oração. Ao se encadearem, as palavras são afetadas por processos de ligação:

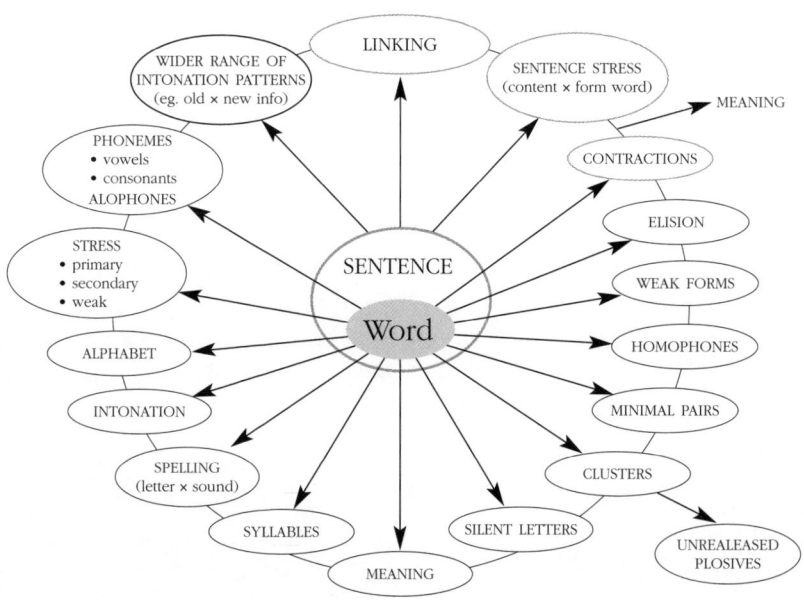

PARTE 1

# DESCOBRINDO OS SONS DO INGLÊS (I) E DO PORTUGUÊS DO BRASIL (PB)

# UNIDADE 1

## Produção oral e inteligibilidade no português do Brasil

**Atividade 1** • Como você reage quando ouve sua língua materna falada com sotaque estrangeiro? Responda antes de ouvir o CD.

[CD1/01] Ouça estrangeiros conversando sobre como aprender o PB e responda: qual é o falante mais fácil de ser entendido? E qual é o mais difícil? Por quê?

Resposta: _____

_____

_____

Ouça novamente a faixa 1 e preste atenção em um dos falantes (A ou B). Que aspectos da pronúncia ele precisa melhorar? Anote-os no Perfil de Pronúncia.

### Perfil de Pronúncia

| Elementos de pronúncia | Falante | Exemplos |
|---|---|---|
| Vogais | | |
| Consoantes | | |
| Acentuação da palavra | | |
| Acentuação da frase | | |
| Entonação | | |
| Outras características | | |

O que você notou no ritmo e na entonação do falante A? E no ritmo e na entonação do falante B?

Resposta: _____

_____

_____

_____

# UNIDADE 2

## PRODUÇÃO ORAL E INTELIGIBILIDADE EM INGLÊS

**Atividade 2** • Escolha pelo menos duas das perguntas abaixo e responda a elas por escrito.

1) Qual é a importância da pronúncia ao se falar uma língua estrangeira?
2) O que é "boa" pronúncia para você?
3) Ao se comunicar com falantes do I, por que em geral é difícil entendê-los?

Resposta: _____

_____

_____

_____

_____

_____

**Atividade 3** • [CD1/02] Ouça falantes do PB conversando em I e responda: qual é o falante mais fácil de ser entendido? E qual é o mais difícil? Por quê?

Resposta: _____

_____

_____

_____

_____

_____

Ouça novamente a faixa 2 e preste atenção em um dos falantes. Você detecta problemas de pronúncia em sua fala? Anote-os no Perfil de Pronúncia.

## Perfil de Pronúncia

| Elementos de pronúncia | Falante | Exemplos |
|---|---|---|
| Vogais | | |
| Consoantes | | |
| Acentuação da palavra | | |
| Acentuação da frase | | |
| Entonação | | |
| Outras características | | |

O objetivo da Parte 1 é incitar a reflexão sobre problemas, erros ou desvios de pronúncia que podem dificultar o entendimento de uma mensagem. O objetivo da Parte 2 é tratar das características do I que o diferenciam do PB e de quaisquer outros sistemas linguísticos. Mas, antes de prosseguir, convém considerar a seguinte questão: como distinguir, na atividade, o falante brasileiro que fala I do falante britânico ou norte-americano que fala o PB?

Resposta: _____

_____

_____

# PARTE 2
# O QUE A PALAVRA CONTÉM?

Como pronunciar uma palavra desconhecida? Por que a pronúncia do I difere tanto de sua escrita? Como saber quantas sílabas tem uma palavra em I?

Uma palavra é muito mais do que um simples agrupamento de sons vocálicos e de sons consonantais. Entre outros elementos, ela contém consoantes finais, combinações consonantais, sílabas fortes (ou tônicas) e fracas (ou átonas), letras mudas e padrões de entonação. Portanto, enriquecer ou refinar o vocabulário é uma boa oportunidade para aperfeiçoar a pronúncia.

## A PALAVRA CONTÉM

SÍLABAS FORTES E FRACAS: ... reSOURceful

CONSOANTES TRAVADAS: ....................... SPLENDId]

COMBINAÇÕES CONSONANTAIS: .................... SPectacular

LETRAS MUDAS: ........................................................ concisE

PADRÕES DE ENTONAÇÃO, QUE PODEM EXPRESSAR
ATITUDES, SENTIMENTOS OU INTENÇÕES DO FALANTE: ........................... MU
　　　　　　　　　　　　　　　　　　　　　　　　　　　　　SI
　　　　　　　　　　　　　　　　　　　　　　　　　　　　　　CAL

# UNIDADE 3

## OS SÍMBOLOS FONÉTICOS

Os dicionários monolíngues e bilíngues do I costumam apresentar transcrições fonêmicas das palavras. Ex.: *day* /deɪ/, *cat* /kæt/, *see* /si:/.

**Atividade 4** • Observe os símbolos da tabela da atividade 5 e responda:

1) Qual é sua primeira impressão sobre a tabela?
2) Que símbolos coincidem com as letras do alfabeto?
3) Que símbolos diferem das letras do alfabeto?

Resposta: _____

_____

_____

**Atividade 5** • Na tabela abaixo, os símbolos fonéticos estão organizados em cinco seções: vogais, ditongos, consoantes, sinais de acentuação e de entonação. Você consegue distingui-las?

| i: | ɪ | ʊ | u: | ɪə | eɪ | ⤫ | |
|---|---|---|---|---|---|---|---|
| e | ə | ɜ: | ɔ: | uə | ɔɪ | əu | |
| æ | ʌ | ɑ: | ɒ | eə | aɪ | au | |
| p | b | t | d | tʃ | dʒ | k | g |
| f | v | θ | ð | s | z | ʃ | ʒ |
| m | n | ŋ | h | l | r | w | j |

Fonte: Phonemic Chart from *Sound Foundations* by Adrian Underhill, copyright © Adrian Underhill 1994, used by permission of Macmillan Education.

**Atividade 6** • Os dois-pontos que vêm depois de algumas vogais indicam que elas são longas. Ex.: /i:/ lê-se /iii/, como em *see*. Você consegue identificar as outras vogais longas? Assinale-as no quadro a seguir.

|      |     |     |     |
|------|-----|-----|-----|
| iː   | ɪ   | ʊ   | uː  |
| e    | ə   | ɜː  | ɔː  |
| æ    | ʌ   | ɑː  | ɒ   |

Identifique agora as vogais breves. Quantos sons vocálicos tem o inglês?

Resposta: _____

## SONS VOCÁLICOS

**Atividade 7A** • [CD1/03] Ouça pelo menos duas vezes as palavras abaixo:

PB: pá | pé | lê | pi | pó | vô (avô) | tô (estou) | vô (vou) | tu

I: sea | ship | bed | Jack | but | bird | ago | car | hot | door | book | blue

Existem mais sons vocálicos em I (12) do que no PB (7). Mire-se num espelho e perceba os diferentes movimentos da boca e dos lábios ao pronunciar *see* e *car*. Em seguida, pronuncie *hot* e *blue*, observando como os lábios passam de uma forma menos arredondada para uma forma mais arredondada.

**Atividade 7B** • [CD1/04] Ouça as palavras abaixo e veja que é possível acomodar os sons vocálicos do PB a determinados sons vocálicos do I.

| PB | I |
|---|---|
| pi | Pete |
| sé \| pé | said \| sad \| pet \| pat |
| lê | lid, hit |
| abana, afana | bun \| fun |
| cá | cut |
| vó | pot \| port |
| vô \| pô | push \| foot |
| lu | loo |
| sei | say |
| sai | sigh |

| sou | so |
|---|---|
| nau | now |
| nóis [forma inculta do pronome "nós"] | noise |
| Lia | leer |
| Déa | dare |
| tua | tour |

* As formas "vô" (vou), "pô" (pôr) e "nóis" (nós) são corruptelas que ocorrem em certos níveis do PB.

**Atividade 8** • Volte ao quadro da atividade 6 e escreva cada uma das palavras a seguir junto de seu respectivo símbolo vocálico.

Nick | Pat | Bob | Ted | Chuck | Pete | George | Bush | Sue | Burt | Mark | Milton

Você consegue imaginar outros nomes que contenham os mesmos sons?

Resposta: _____

Faça o mesmo com as seguintes palavras:

put | port | two | pit | part | pet | key | fur | pat | pot | cut | ago

Resposta: _____

# SONS CONSONANTAIS

**Atividade 9** • Volte à tabela da atividade 5. Que símbolos lhe são familiares? Quais lhe parecem menos familiares?

Resposta: _____

[CD1/05] Consulte a tabela dos símbolos fonéticos na atividade 5 e ouça as seguintes palavras:

/ʃ/ she | /ʒ/ measure | /w/ wet | /j/ yes | /tʃ/ chair | /dʒ/ gin | /θ/ think | /ð/ they | /h/ house

Os símbolos que antecedem as palavras acima não parecem familiares, pois não correspondem diretamente a nenhuma letra do alfabeto português.

/ʃ/, de *she*, aparece na palavra "chá"

/ʒ/, de *measure*, aparece na palavra "já"

/w/ (semelhante à letra dábliu), de *wet*, é uma semivogal

/j/ (semelhante à letra jota), de *yes*, é uma semivogal

/tʃ/, de *chair*, /dʒ/, de *gin*, /θ/, de *think* e /ð/, de *they*, não existem em português como fonemas (v. itens 7.2, 7.3 e 7.4)

/h/ (semelhante à letra agá), de *house*, é em geral letra muda em português, como em "haver", "hoje", "companhia", "Deborah"

Ouça (continuação da faixa 5):

| I | PB |
|---|---|
| Diferença alofônica ||
| she | chá |
| measure | já |
| wet | tranquilo |
| yes | Iara |
| chair, chin | tia |
| jeep, gin | dia |
| Diferença fonética: aspiração /p, t, k/ ||
| tattoo | tatu |
| too | tu |
| pea | pi |
| tea | ti |
| a key | aqui |

| I | PB |
|---|---|
| **Articulação diferente** | |
| red, very, car | rato, caro, mar |
| house | Não existe como fonema |
| think | Não existe como fonema |
| they | Não existe como fonema |

**Atividade 10** • O I e o PB têm *padrões de ortografia* diferentes entre si. Observe as séries de palavras abaixo e atente para a diferença entre essas línguas no que se refere à correspondência de letra e som. Como você explica tal diferença?

| I | PB |
|---|---|
| /s/ | |
| so \| pass \| niece \| science \| axe | sapo \| osso \| cedo \| aço \| cresço \| exceto |
| /z/ | |
| roses \| scissors \| zoo \| dizzy \| exact | rosa \| zero \| exato |
| /ʃ/ | |
| shoe \| machine \| schedule \| sure \| assure | chá \| xadrez |
| /j/ | |
| young \| universe \| Europe \| beautiful \| onion | |
| **Letras mudas** | |
| doubt \| know \| calm \| comb \| whistle \| write \| dough \| sign \| gnome \| autumn \| receipt \| honest \| hour | homem \| hoje \| honesto |

Resposta: _____

– Não é difícil interpretar as tabelas acima. Quando é preciso verificar a pronúncia correta de uma palavra, as tabelas orientam a leitura de sua transcrição fonética, incluída na maioria dos dicionários.

– Os dicionários costumam trazer transcrições fonéticas das palavras entre colchetes [ ] e as transcrições fonêmicas entre barras inclinadas / /. Ex.: *free* [fri:] ou /fri:/.

# UNIDADE 4
## O QUE FAZ A LÍNGUA INGLESA SOAR COMO TAL?

**Atividade 11** • [CD1/06] Compare os nomes de países no PB e em I. Siga o exemplo.

| PB | Número de sílabas | Acentuação da palavra | I | Número de sílabas | Acentuação da palavra |
|---|---|---|---|---|---|
| Austrália | | | Australia | | |
| Brasil | 2 | ▪▮ | Brazil | 2 | ▪▮ |
| Bolívia | | | Bolivia | | |
| Canadá | | | Canada | | |
| Coreia | | | Korea | | |
| Cuba | | | Cuba | | |
| Europa | | | Europe | | |
| França | | | France | | |
| Jamaica | | | Jamaica | | |
| Japão | | | Japan | | |
| Marrocos | | | Morocco | | |
| Peru | | | Peru | | |
| Portugal | | | Portugal | | |
| Rússia | | | Russia | | |

1) O que você observou sobre o número de sílabas das palavras em I?

Resposta: _____

_____

2) E sobre a acentuação das palavras em I?

Resposta: _____

_____

**Atividade 12** • **[CD1/07]** Esta é uma aula sobre nacionalidades. Qual dos professores tende a acentuar todas as sílabas?

These students are at a school in Toronto, Canada.

Pablo's from Buenos Aires, Argentina. He's Argentinian.

Susan's from Boston, USA. She's American.

Daniel and Alessandra are from Curitiba, Brazil. They're Brazilian.

Como você pode ver, a vogal da sílaba átona é um dos elementos que contribui para o ritmo característico do I. Essa vogal é o *schwa* /ə/, que estudaremos mais adiante.

# UNIDADE 5
## Vogais ou Monotongos

Esta unidade trata dos sons vocálicos do I, que em geral são acentuados.

**5.1.** /iː/ (*Eve*) e /ɪ/ (*Nick*)

**Atividade 13** • Observe as sílabas tônicas dos apelidos abaixo e responda quantas vogais tem cada um:

Zizi | Zezé | Juca | Boni | Lolô | Nenê | Joca | Cafu | Fafá

Faça o mesmo com as seguintes palavras:

café | medo | bota | boca | caqui | açude | sofá | você

A vogal /iː/ em I, como em *tea*, é semelhante à vogal /i/ em português, como em "li", mas é mais longa e mais tensa. Compare:

| I | PB |
|---|---|
| beef | bife |
| tea | ti |
| sea | si |
| V | vi |

Pode-se quase "sorrir" ao pronunciar /iː/ em I. A língua e os cantos da boca tensionam-se, isto é, contraem-se.

Pratique diante do espelho emitindo sons cada vez mais longos e tensos.

**Atividade 14** • Pronuncie as palavras abaixo prestando atenção aos sons vocálicos sublinhados:

Eve | Greece | teacher | Portuguese | leaves | three | cheese | beef | tea

**Atividade 15** • [CD1/08] Ouça e repita a história de Eve.

> Eve is from Greece. She's a teacher of Portuguese and Greek and leaves school at three. She likes eating beef and cheese, and loves drinking tea.

**Atividade 16** • Crie a história de Pete e leia-a em voz alta.

Pete | Leeds | bee keeper | speaks Japanese and Chinese | reading | machines

Resposta: _____

_____

_____

_____

Em geral, /i:/ assume os padrões ortográficos *ee* e *ea* (*bee, read, see, sea*). Mas /i:/ também aparece com as seguintes grafias:

e + consoante + e (*complete, scene, Eve*)
i + consoante + e (*machine, elite*)
ie (*believe, niece*)
ei (*ceiling, conceit, protein*)
eo (*people*)

Visto que o som vocálico /ɪ/ não existe no sistema fonológico do PB, o falante brasileiro do I tende a percebê-lo como /i:/ (*beat*) e a aproximar sua pronúncia do som que lhe é mais semelhante no PB, ou seja, /i/ ("vi"). Pode-se visualizar o conceito de comprimento da seguinte maneira:

i — (longo)     ɪ • (curto)

Quando se produz o som vocálico /ɪ/ (*kit, disc*), os lábios e os cantos da boca relaxam e se abrem. Geralmente, o falante do PB tem dificuldade em perceber e produzir esse som. /ɪ/ é semelhante a /e/ do PB em posição pós-tônica, como em "tom*e*", "alegr*e*".

**Atividade 17** • [CD1/09] Ouça a lista de palavras a seguir, produzidas por falantes do I e do PB. Assinale *PB* quando achar que o falante é brasileiro.

| gin | liquid |
|---|---|
| Chile | print |
| chip | disc |
| kit | risk |
| bingo | Sylvia |
| tick | bit |

**Atividade 18** • Eis alguns utensílios de cozinha. Escreva o nome de cada utensílio ao lado de sua respectiva figura e sublinhe o nome que contém /ɪ/. Siga o exemplo.

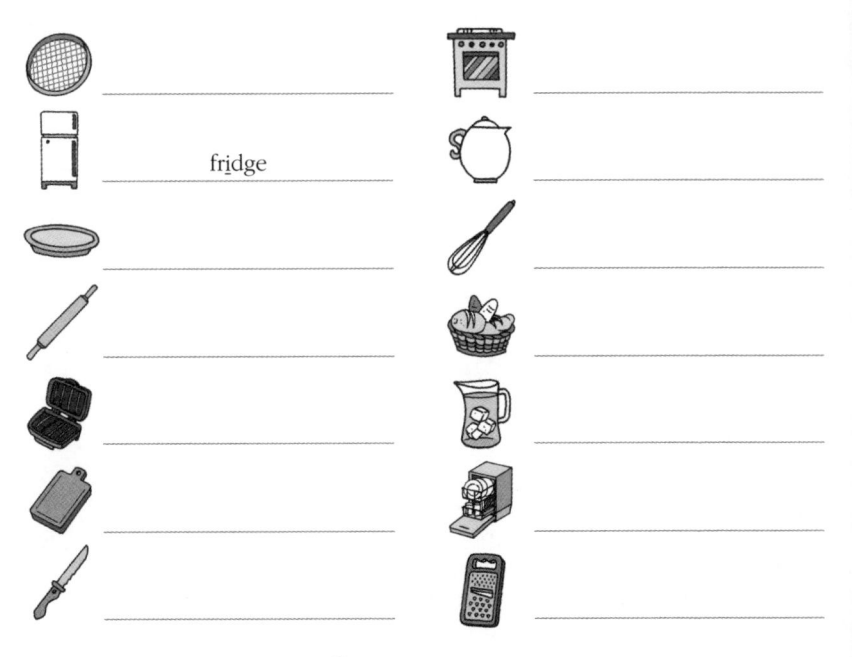

|   |   |
|---|---|
| _____ | _____ |
| fr<u>i</u>dge | _____ |
| _____ | _____ |
| _____ | _____ |
| _____ | _____ |
| _____ | _____ |
| _____ | _____ |

[CD1/10] Agora ouça e confira.

**Atividade 19** • As palavras que respondem às charadas abaixo contêm /ɪ/ (*dish*). Anote-as no quadro.

1) They're used in computers.
2) You aren't feeling well.
3) The opposite of stand.
4) Girls like putting it on their lips.
5) You need balls of wool and two long needles to do it.
6) A dark green vegetable which makes you strong.
7) The same as children.
8) You take them when you're feeling weak.
9) The opposite of ugly.
10) If you have a lot to do, you are...
11) You go there to do exercise.
12) Babies drink it all the time.

|   |   |   |   |   |
|---|---|---|---|---|
|   |   |   |   |   |
|   |   |   |   |   |

**[CD1/11]** Agora ouça as respostas corretas e repita-as.

**Atividade 20** • **[CD1/12]** Ouça a faixa e pratique a pronúncia de /ɪ/ lendo em voz alta a seguinte história:

This is my sister, Lilly. She's from India. She's thirty. She's a singer. She likes singing and playing the violin. Her favourite sports are tennis and fishing. She loves crisps and gin tonic.

Crie sua própria história com palavras que contenham /ɪ/:

Resposta: _____
_____
_____
_____

**Atividade 21** • Usando o cardápio abaixo, monte seu jantar sublinhando as bebidas e os pratos cujos nomes contenham /ɪ/.

*Cocktails*
- Tequila ..............
- Gin and Tonic ........
- Fruit Juice ..............

*Starters*
- Olives ..................
- Pickled Onion ........
- Shrimp Cocktail ..............

*Soups*
- Beans ..................
- Lentils ..................
- Spinach ..............

*Salads*
- Lettuce and Tomato ......
- Chef's .....................
- Olives and Cucumber ...

*Vegetables*
- Baked Potato ..........
- Green Beans ..........
- Cabbage ..................

*Main Course*
- Grilled Sardines .......
- Roast Turkey ..........
- Roast Chicken ..........

*Desserts*
- Chocolate Pudding .......
- Apple Pie ..................
- Fresh Figs ..................

[CD1/13] Pratique sua pronúncia fazendo pedidos ao garçom.

**Atividade 22** • [CD1/14] Ouça a faixa e pratique a pronúncia de /i:/ e /ɪ/ lendo em voz alta a seguinte história:

> Eve is from Greece and Lilly is from India. Eve's a teacher of Portuguese and Lilly is a singer. Eve likes beef, cheese and tea. Lilly loves gin tonic and crisps. Both Eve and Lilly live in the city.

Se possível, grave sua própria voz. Você produziu /ɪ/ de modo mais breve e mais relaxado do que /i:/? Se não tiver certeza, ouça o CD novamente.

Escolha o comentário que melhor reflete seu desempenho:

( ) Consigo diferenciar /ɪ/, como em Lilly, de /i:/, como em Eve, mas preciso praticar mais.

( ) Ainda não consigo diferenciar /ɪ/, como em Lilly, de /i:/, como em Eve.

( ) Consigo produzir /ɪ/, mas às vezes me confundo ao pronunciá-lo como /i:/.

**Padrões ortográficos**

Em geral, /ɪ/ assume os padrões ortográficos *i* (*with*, *lips*, *bits*, *tin*), *ie* (*ladies*) e *y* (*gym*, *rhythm*, *symbol*, *syrup*, *system*). Mas também aparece com as seguintes grafias:

*ay* (*Sunday*)

*o* (*women*)

*ui* (*build*, *guilty*, *guitar*)

*u* (*busy*, *business*, *lettuce*, *minute*)

*e* (*pretty*)

*ei*, mais rara (*foreign*)

## 5.2. /e/ (*Ted*) e /æ/ (*Pat*)

Quando fala e ouve I, o falante do PB muitas vezes confunde os sons vocálicos /e/ (*Ted*, *said*) e /æ/ (*Pat*), interpretando este último como /é/ ("Pelé", "pé", "até"). Embora a vogal /æ/ não faça parte do sistema vocálico do PB, é fácil percebê-la e produzi-la. A boca fica mais aberta e os lábios mais afastados do que quando se pronuncia, por exemplo, "é", "café", "boné".

**Atividade 23** • **[CD1/15]** Ouça as palavras abaixo. Em quais ocorre /e/?

Ted | bed | pet | ready | French | twenty | seven | chess

**Atividade 24** • **[CD1/16]** Ouça a faixa e pratique a pronúncia de /e/ lendo em voz alta a seguinte história:

Ted is from Chester. He's twenty-seven. He gets up at seven and comes home at eleven. He speaks French and plays chess. He has a red van.

Crie sua própria história com palavras que contenham /e/.

Resposta: _____

_____

_____

## Padrão ortográfico

Em geral, /e/ assume os padrões ortográficos *e* (*sell*, *bet*, *Ben*) e *ea* (*head*, *red*, *ready*, *dead*). Ou, mais raramente, estes:

*a* (*any*)                 *eo* (*leopard*, *Geoffrey*)
*eu* (*guest*)              *a* (*many*, *Thames*)
*u* (*bury*)

**Atividade 25** • **[CD1/17]** Ouça o professor falando sobre acampamentos e assinale as palavras que contêm /æ/. Siga o exemplo.

b**a**ckp**a**ck    camera    tent    jam

apples    bread    map

sleeping bag    matches    torch    cheque-book

Ouça novamente a conversa e anote as palavras que contêm /e/.

**Atividade 26** • Observe a figura. O que você vê na praia?

Faça uma relação dos objetos que você vê diferenciando-os pelos sons vocálicos que fazem parte de seus nomes. Siga o exemplo.

sand | a straw mat | a racket | a can | a magazine | a bag | a tent | a fishing net | a hat | a pet | sandals | ten men

| /e/ | /æ/ |
|-----|-----|
| pet | bag |
|     |     |
|     |     |
|     |     |
|     |     |
|     |     |
|     |     |
|     |     |

[CD1/18] Ouça a faixa e preste atenção à pronúncia. Ouça novamente e tente falar junto com a gravação.

## 5.3. Comparação entre /ɪ/ (*Nick*), /e/ (*Ted*) e /æ/ (*Pat*)

**Atividade 27** • [CD1/19] Ouça as seguintes palavras e assinale a alternativa correta. Siga o exemplo.

|         | 1<br>/ɪ/ | 2<br>/e/ | 3<br>/æ/ |
|---------|----------|----------|----------|
| a) bag  |          |          | ✓        |
| b) tin  |          |          |          |
| c) bed  |          |          |          |
| d) sit  |          |          |          |
| e) mess |          |          |          |
| f) neck |          |          |          |
| g) ban  |          |          |          |
| h) pet  |          |          |          |
| i) Jim  |          |          |          |
| j) pan  |          |          |          |

Ouça novamente as palavras, mas agora com o livro fechado. Numa folha à parte, faça três colunas: /ɪ/, /e/, /æ/. Na coluna correspondente a cada som, anote a palavra que ouvir.

**Atividade 28** • [CD1/20] Ouça os diálogos e diferencie as palavras no quadro de acordo com os sons vocálicos abaixo. Siga o exemplo.

|     | /ɪ/   | /e/ | /æ/ |
|-----|-------|-----|-----|
| a)  | think |     | bag |
| b)  |       |     |     |
| c)  |       |     |     |
| d)  |       |     |     |
| e)  |       |     |     |
| f)  |       |     |     |
| g)  |       |     |     |

**Padrão ortográfico**

Em geral, /æ/ assume o padrão ortográfico *a* (*apple, Alan, valley, hammer, Anne*). Ou, mais raramente, estes:

*al* (*salmon*)

*ai* (*plaits, plaid*)

O som vocálico /æ/ ajuda a distinguir o I norte-americano do I britânico, como veremos na atividade seguinte.

**Atividade 29** • **[CD1/21]** Ouça os diálogos e assinale qual dos falantes pronuncia as palavras com /æ/ e qual as pronuncia com /ɑ:/. Anote A ou B.

Falante de /æ/ _____

Falante de /ɑ:/ _____

### 5.4. /ɑ:/ (*Bart*)

O som vocálico /ɑ:/ é semelhante ao /a/ do PB ("lar", "mar"), com a diferença de que /ɑ:/ tende a ser mais posterior e alongada. Em I norte-americano, /ɑ:/ é representado por /ar/, porque nessa variante da língua, ao contrário do I britânico, pronuncia-se o /r/ no fim das palavras.

Em geral, a pronúncia de /ɑ:/ não causa problemas, embora às vezes o falante do PB o confunda com a pronúncia de /ɜ:/ (*hurt*).

/ɑ:/ assume os padrões ortográficos *a* (*pass, after, father*), *ar* (*part, car*), *er* (*clerk, derby*), *al* (*calm, palm*) e *au* (*aunt, laugh*).

**Atividade 30** • **[CD1/22]** Ouça os diálogos abaixo e sublinhe as palavras que contenham /ɑ:/. Siga o exemplo.

What's the matter with Bart?
His <u>heart</u>.

Do you know anything about the exam?
No, I haven't heard anything.
Martin said it was hard.

I've lost my ID card.
Have you looked in your purse?
Perhaps it's in the car.

**Atividade 31** • **[CD1/23]** Barbara e Martin estão se apresentando. Identifique pelo menos três palavras de suas falas que contenham /ɑ:/.

Hello, I'm Barbara. I'm an architect and I was born in Dartington, England. What do I do in my spare time? I like gardening and playing cards with friends.

Hi, I'm Martin. I'm from Charlotte, USA. At the moment I'm taking Arts at College. In my spare time I take part in the college band. I play the guitar.

Ao produzir o som vocálico /ɑ:/, lembre-se de que seu maxilar inferior deve ficar mais relaxado, e a boca precisa ficar mais aberta do que na produção de outros sons vocálicos.

### 5.5. /ʌ/ (*Chuck*)

Geralmente, o falante do PB tem dificuldade em produzir o som vocálico /ʌ/, que se assemelha à vogal pós-tônica central do PB, /a/ ("mod*a*", "el*a*"). Mas, por influência da ortografia de certas palavras em I, como *nothing, government, love, done, company*, o falante do PB tende a pronunciar /ɒ/ em lugar de /ʌ/.

**Atividade 32** • Assinale as palavras que contêm /ʌ/ para completar o diálogo entre um policial e dois suspeitos. Siga o exemplo.

watch | money | stolen | father | done | shut | brother | hurt | good | young | bus | blood | cut

A: Please, _shut_ the door.
B: We lost our _____ and documents, sir.
A: And who's the _____ man?
B: My _____, sir.
A: Is that _____ on your hand?
C: _____ myself getting off the _____, sir.
A: Mmmmm... It doesn't look very good, does it?

[CD1/24] Ouça e confira.

**Atividade 33** • [CD1/25] Assinale a figura cujo nome se relaciona com a palavra que você ouvir.

a   b   c   d   e

**Atividade 34** • [CD1/26] Complete os diálogos com as palavras abaixo. Lembre-se de que todas as palavras contêm /ʌ/.

mum | colours | son | truck | country | bus | lunch | ton | junk

A: What company do you work for?
B: Bright _____ Inc.

A: Where were you last summer?
B: In the _____ with my _____.

A: What are you having for _____?
B: _____ food. A burger and chips.

A: Where's _____?
B: She's gone to the shops by _____.

A: How much does the _____ weigh?
B: About a _____ I think.

Leia os diálogos em voz alta.

**Atividade 35** • [CD1/27] Ouça a faixa e assinale as palavras que contêm /ʌ/.

I'm glad my brother's coming from London to spend a month with us. We will certainly have lots of fun and spend lovely sunny days by the seaside. My young sister and my cousin are planning to join us. I just hope we have enough money to do everything we want to.

**Atividade 36** • [CD1/28] Ouça os diálogos abaixo. Os falantes querem saber como pronunciar determinadas palavras. Assinale nos balões a pronúncia correta das vogais.

Should I say /gləUv/ or /glʌv/?

How do you say this word: /kompənɪ/?

/ʌ/ assume os padrões ortográficos *u* (*lucky, fun, sun*), *o* (*glove, mother, done, Monday, company*), *oo* (*blood, flood*), *ou* (*trouble, cousin*) e *oe* (*does*).

### 5.6. /ɔ/ (*Bob*)

O falante do PB costuma pronunciar as vogais /ɔ/ (*hot*) e /ɔː/ (*port*) como /ó/ ("dó", "pó", "só").

**Atividade 37** • [CD1/29] Ouça as palavras abaixo e repare nas diferenças entre as pronúncias britânica e norte-americana do I.

hot | not | pot | dog | cot | spot | box | clocks | lot | watch | cough | doctor | got | chocolates | off | pond | John | squash

**Atividade 38** • [CD1/30] Ouça os diálogos e sublinhe as sílabas em que aparecem os sons /ɔ/ e /a/. Siga o exemplo.

A: Oh, no! My watch's stopped!
B: Look! There are lots of clocks and watches in that shop!

A: Where was the box of chocolates?
B: You'll never guess! In the baby's cot.

A: He hid in the dog's house and then near a pond.
B: But you got him in the end?
A: No, he ran off.

A: How's John?
B: He has a bad cough. I'm taking him to the doctor's.

A: I hear he's got pots of money.
B: I know... He's just bought a yacht!
A: Really?

Leia os diálogos em voz alta.

– Ao pronunciar /ɔ/, o falante da variante britânica padrão dá aos lábios um formato arredondado.

Na variante norte-americana, /ɔ/ assume os padrões ortográficos *a* (*fall, salt, call, ball, talk*), *aw* (*jaw, awful, dawn, saw, law*), *au* (*cause, fault*), *oa* (*broad*) e *ou* (*bought, thought*).

Já na variante britânica, /ɔ/ aparece escrito com as grafias *o* (*dock, dog, sorry*), *a* (*was, want, quality, yacht*), *ou/ow* (*cough, knowledge*) e *au* (*because, Australia*).

### 5.7. /ɔ:/ (*George*), válido apenas para o I britânico

Trata-se de um som vocálico longo. Para produzi-lo, a boca fecha-se mais do que quando se produz /ɔ/, e os lábios assumem uma forma mais arredondada. Pode-se facilmente perceber e produzir /ɔ:/ prolongando a emissão da vogal, como em *ball* (*boooool*).

Esse som também ajuda a distinguir o I norte-americano do I britânico. Na variante norte-americana, palavras como *ball, law* e *door* são pronunciadas com /ɔ/ mais aberto.

**Atividade 39** • [CD1/31] Uma escola abriu vagas para professores de I. Ouça o diálogo. Como os falantes pronunciam /ɔ:/? Pratique sua pronúncia usando a variante com a qual você se identifica.

A: What did you think of George?
B: George? He's the sort of teacher we need... Has a good rapport with his students. They like him...
A: Can he teach the evening courses?
B: Of course...
A: Now, we still have four teachers to interview.

**Atividade 40** • [CD1/32] Use as palavras abaixo para criar a história de Morgan.

Morgan | Baltimore | works | New York | taking | Italian course | school on New Port Road | married to Georgia | four daughters

Resposta: _____

_____

_____

_____

/ɔ:/ assume variados padrões ortográficos:

*a* (*fall, tall, ball*)

*au* (*caught, cause, fault*)

*aw* (*saw, draw, dawn*)

*ou* (*bought, brought*)

*or* (*cord*)

*oor* (*door*)

*ore* (*before*)

*our* (*four*)

*oar* (*board*)

## 5.8. /ʊ/ (*Bush*) e /u:/ (*Sue*)

O falante do PB tende a perceber a vogal /ʊ/ do I como /u:/, sem atentar para as diferenças entre a vogal relaxada (*pull, good, book*) e a vogal tensa (*pool, school, food*). A semelhança de grafia entre os dois sons também ajuda a criar equívocos.

**Atividade 41** • [CD1/33] Ouça a faixa e enumere na tabela a seguir os nomes dos objetos que contêm /ʊ/ e os que contêm /u:/.

| /ʊ/ | /uː/ |
|---|---|
|  |  |
|  |  |
|  |  |
|  |  |

**Atividade 42** • [CD1/34] Ouça os diálogos abaixo e assinale as vogais breves ou longas correspondentes a cada palavra sublinhada. Siga o exemplo.

|  | Vogal breve /ʊ/ | Vogal longa /uː/ |
|---|---|---|
| A: Look at your shoes! | ✓ | ✓ |
| B: I dropped them in the pool. |  | ✓ |
| A: Could you put those books away? |  |  |
| B: Sure. |  |  |
| A: I can't open the door, Sue! |  |  |
| B: Pull it! |  |  |
| A: Sugar? |  |  |
| B: No, thanks. I have to lose a few kilos! |  |  |
| A: More soup? |  |  |
| B: No, thanks. My bowl is still full. |  |  |

Leia os diálogos em voz alta, procurando imitar ao máximo a pronúncia dos falantes.

**Atividade 43** • [CD1/35] Ouça notícias a respeito de Mr. Brooke, um célebre chefe de cozinha. Circule as palavras que contêm /ʊ/ e sublinhe as que contêm /uː/.

Mr. Brooke is from Poole. He is a very good cook and has written several cookery books. Have you tried his onion soup? It's wonderful! He won the football pools last Monday and is getting ready to go on a cruise. He says he wants to try the best food in the world. He is no fool!

O falante do PB costuma ter dificuldades semelhantes com as pronúncias de /ʊ/ e /ʌ/. É o que acontece com a pronúncia de palavras como *bush*, *butcher*, *push*, *put*. Se esse é seu caso, refaça com atenção as atividades 41 e 42.

Os padrões ortográficos em que aparecem /ʊ/ e /u:/ em parte coincidem:

*o*
/ʊ/ (*woman, wolf*)
/u:/ (*do, move, lose, who, tomb*)

*oo*
/ʊ/ (*hood, cook, good*)
/u:/ (*food, soon, spoon, boots, stool, goose, loose, tooth, room, cool, too, noon, fool, boom*)

*ou*
/ʊ/ (*should, could, would*)
/u:/ (*soup, group, youth, through*)

*u*
/ʊ/ (*full, put, cushion*)
/u:/ (*brute, rude, June, Susan, lose, rule, tune, tuna*)

Mas /u:/ tem ainda outras grafias:

*ew* (*chew, new, knew, news, stew*)

*ue* (*blue, clue, glue*)

*ui* (*juice, suit, fruit*)

*oe* (*shoe*)

### 5.9. /ɜ:/ (*Pearl, Herbert*)

O som vocálico /ɜ:/ é uma vogal longa presente nas sílabas tônicas. Pode-se reconhecê-lo, por exemplo, quando falantes do I hesitam ou fazem uma pausa durante uma conversa: *errr*. Para produzir esse som, a boca quase se fecha e os lábios relaxam, mas a emissão da voz se prolonga. Não é difícil percebê-lo nem produzi-lo, mas sua grafia pode causar equívocos.

Em geral, /ɜ:/ assume os seguintes padrões ortográficos:

*ur* (*nurse, purse, church*)

*ir* (*firm, girl, bird, stir*)

*er* (*serve, fern*)

*ear* (*earth, heard*)

Ou, mais raramente:

*our* (*journey, journal, journalist*)

*w + or* (*world, word*)

**Atividade 44** • [CD1/36] Ouça a faixa e leia a história de Herbert nas variantes britânica e norte-americana. Sublinhe as sílabas em que aparece /ɜː/.

Herbert is a thirty-year-old journalist. He works for a fur company in Berlin, Germany. He is a friendly person. He first met his wife in Perth, Scotland, during his summer holidays. They got married on the third of February.

Que diferença fonética você notou entre as variantes britânica e norte-americana?

Resposta: _____

_____

_____

_____

**Atividade 45** • [CD1/37] As palavras que respondem às charadas abaixo contêm /ɜː/. Anote-as na tabela. Siga o exemplo.

1) You finish up your meal with it.
2) You put it on to smell nice.
3) It is a traditional dish at Christmas, especially in the US and the UK.
4) The opposite of late.
5) A man wears it with or without a tie.
6) The same as human being.
7) A woman usually wears it with a blouse.
8) The feminine of boy.
9) The same as a handbag in the US.
10) A place where clowns and acrobats work.
11) Someone born in Germany.
12) Someone who works for a newspaper or a magazine.

| 1) dessert | 7)  |
|------------|-----|
| 2)         | 8)  |
| 3)         | 9)  |
| 4)         | 10) |
| 5)         | 11) |
| 6)         | 12) |

## 5.10. /ə/ (S_a_manth_a_, Jessic_a_, Thom_a_s, Pet_er_)

O som vocálico *schwa* /ə/ é uma das vogais mais comuns do I. Na verdade, o ritmo peculiar do I deve-se a esse som. *Schwa* /ə/ não requer muito esforço de pronúncia, e por isso é chamado de "vogal preguiçosa". Ao emiti-lo, os órgãos da fala ficam muito mais relaxados do que quando se produzem os sons de outras vogais em I. Trata-se de um som breve, que se ouve em sílabas átonas ou não acentuadas. Pode ocorrer:

apenas uma vez em algumas palavras (_a_bout, _a_go, doct_or_),

mais de uma vez em outras palavras (ph_o_togr_a_phy, hyp_o_pot_a_m_us_, b_a_n_a_n_a_)

e várias vezes em frases (th_ere_'s _a_ man _at_ th_e_ door; I c_a_n speak French _a_nd English).

**Atividade 46** • [CD1/38] Ouça os falantes A e B. Qual deles se mostra mais consciente dos sons vocálicos reduzidos?

| | |
|---|---|
| American | Helen |
| Brazilian | Thomas |
| Canadian | Anthony |
| Japanese | Natalie |

Falante A _____    Falante B _____

**Atividade 47** • [CD1/39] Sublinhe as sílabas que contêm /ə/ nas palavras abaixo. Siga o exemplo.

a doct_or_ | a photographer | a bank teller | a cashier | a manager | a receptionist | a systems analyst | a college graduate | a student | an accountant | an economist | an attorney | an architect

**Atividade 48** • [CD1/40] Fale sobre sua família e pratique a pronúncia de /ə/ com as expressões acima. Siga os exemplos.

I have a cousin who's an accountant.

I have an uncle who's a photographer.

I have...

Ouça e confira.

**Atividade 49** • **[CD1/41]** Sublinhe as sílabas que contêm /ə/ nos nomes do cardápio a seguir.

*Salad*
*Bacon n' eggs*
*Sausages*
*Potatoes*
*Carrots*
*Spinach*
*Asparaguses*
*Chicken —*
*Barbecue —*
*Papaya*
*Avocado*
*Strawberries*
*Muffins*
*Brownies*
*Lemonade*

Pratique sua pronúncia fazendo pedidos. Se possível, grave sua própria voz. Depois ouça o CD e confira. Siga os exemplos.

I think I'll have chicken, potatoes and carrots, please.

I'd like salad, then chicken and spinach.

**Atividade 50** • Observe as sílabas átonas das palavras do cardápio. Como /ə/ aparece escrito? Complete o quadro ortográfico. Siga o exemplo.

| a | e | i | o | u |
|---|---|---|---|---|
| breakfast | | | bacon | |
| | | | | |
| | | | | |
| | | | | |
| | | | | |

Como se vê, /ə/ tem várias grafias.

**Atividade 51** • **[CD1/42]** Ouça o diálogo entre os funcionários de uma empresa e sublinhe /ə/ nos adjetivos de cada frase. Siga o exemplo.

He's cur<u>iou</u>s about innovations.

A: Marco tends to be a bit anxious about his work.
B: He's probably ambitious.
A: But he's generous, too. He shares information with his colleagues.

A: Jorge has a logical mind. He likes solving problems.
B: Yes, and he always has an immediate solution, as well.
A: And I think he's persistent and very efficient.

A: Fernando's English isn't quite accurate.
B: But he's doing well in the intermediate course.
A: Do you think he's ready for an international job?

O que você observou sobre a pronúncia dos adjetivos que terminam com *-ous*, *-al*, *-ate* e *-ent*? Acrescente seus próprios exemplos.

Resposta: _____

_____

_____

*Schwa* (/ə/) assume numerosos padrões ortográficos:

*a* (*dramatic, Canadian*)

*e* (*compliment, settlement*)

*i* (*possible, minute*)

*o* (*confuse, second*)

*u* (*suggest, suppose*)

*ar* (*particular*)

*er* (*mother*)

*or* (*doctor, color*)

*our* (*colour*)

*ure* (*figure*)

*Schwa* (/ə/) é talvez o som vocálico não acentuado mais frequente em I, mas outras vogais, como /ɪ/ e /ʊ/, também são pronunciadas de modo menos distinto, em voz mais baixa e de forma reduzida na fala corrente.

Mais adiante, estudaremos o /ə/ no contexto da frase.

## 5.11. As vogais em conjunto

**Atividade 52** • [CD1/43] Ouça a faixa e relacione os nomes dos animais e dos insetos de acordo com os sons vocálicos referidos na tabela abaixo. Siga o exemplo.

There are bees in the tree.
There's a cat on the mat.
There's a wolf in the woods.
There's a dog in the cot.
There's a horse on the golf course.
There's a bird on my skirt.
There's some fish in the pond.

| /iː/ | /ɪ/ | /e/ | /æ/ |
|---|---|---|---|
| bees | | | |

| /ə/ | /ɜː/ | /ʌ/ | /ɑː/ |
|---|---|---|---|
| | | | |

| /ɒ/ | /ɔː/ | /ʊ/ | /uː/ |
|---|---|---|---|
| | | | |

**Atividade 53** • Assinale os sons que se assemelham entre si. Siga o exemplo.

sea: head, these, fever, ready, police, eye, read
sit: women, pretty, coffee, seen, foreign
sat: nature, said, plait, change, natural, sad
set: any, correct, zero, bury, treat, merry, marry
cut: worry, honest, honey, company, push, money
car: bar, war, calm, chalk, guard, laugh
pot: country, copy, monkey, law, talk, hot, donkey
port: war, calm, modern, broad, shone, gone
put: bury, woman, bush, truth, sugar, pull, push
fool: group, wood, flood, through, shoe, blood
bird: here, heart, beard, early, journey, circus

**Atividade 54** • Observe as sequências abaixo. Quantas palavras podem ser formadas apenas com os sons vocálicos? Siga o exemplo.

| | |
|---|---|
| 1) /pi:t/ /put/ /pet/ | 6) /sl___p/ |
| 2) /r___d/ | 7) /b___k/ |
| 3) /k___p/ | 8) /d___g/ |
| 4) /s___/ | 9) /d___k/ |
| 5) /s___t/ | 10) /m___t/ |

**Atividade 55** • Complete o resumo abaixo.

Assim, uma diferença básica entre as vogais ou monotongos do PB e do I é que existem _____ sons vocálicos em I, enquanto no PB existem _____. Outra diferença básica é que em I existem sons vocálicos _____ e _____.

1) O que você aprendeu sobre os sons vocálicos em I?

Resposta: _____

_____

2) Que sons vocálicos são novos para os falantes do PB?

Resposta: _____

_____

3) Quais desses sons você gostaria de praticar mais?

/i:/ (*Eve*); /ɪ/ (*Nick*)

/e/ (*Ted*); /æ/ (*Pat*)

/a:/ (*Mark*); /ʌ/ (*Chuck*)

/ɜː/ (*Burt*); /ə/ (*Samantha*)

/ɔ/ (*Bob*); /ɔː/ (*George*)

/u/ (*Bush*); /u:/ (*Sue*)

Resposta: _____

_____

– Convém saber reconhecer os sons vocálicos do inglês. Para o falante do PB, é essencial aguçar os ouvidos para "absorver" novos sons vocálicos: /ɪ/ (*Nick*), /æ/ (*Pat*), /ʌ/ (*Chuck*), /ə/ (*Samantha*).

– Feche os olhos ao ouvir sua própria voz ou os falantes do CD.

– Tape os ouvidos ao ler em voz alta as frases e os diálogos dessa unidade, a fim de se concentrar melhor nos sons que produz.

– Ao assistir a um filme, concentre-se em um falante, prestando atenção ao movimento de seus lábios e a suas expressões faciais.

– As vogais longas geralmente aparecem antes da letra *r*. Ex.: *sport, bird, turn, court.*

# UNIDADE 6
# DITONGOS

O falante brasileiro raramente tem problemas em reconhecer e pronunciar os ditongos do I, exceto /eɪ/, /aɪ/, /ɔɪ/, /ðʊ/ e /aʊ/ seguidos de /m/ ou /n/ no meio ou no fim das palavras. Sua tendência é nasalizá-los.

**Atividade 56** • [CD1/44] Ouça e repita as palavras a seguir, cujos ditongos o falante do PB costuma nasalizar.

Spain | aim | point | rain | pain | wine | change | home | mine | came | strange | phone | maintain | name | comb | stain | train | town | remain | chain | brown | complain | coin | found

**Atividade 57** • [CD1/45] Ouça os diálogos abaixo e sublinhe os ditongos.

A: What's the aim of the course?
B: To train you to teach kids.

A: How nice to see you! I'm glad you came.
B: Great to see you, too. You haven't changed!

A: So... how did you get to Cambridge?
B: By train.

A: Is this wine yours?
B: Yes. It's mine.

A: Lovely brown shoes...
B: Thanks. I got them in town.

A: Excuse me. Do you have any change for a dollar?
B: Let me see... Sorry, I only have a dime.

Pratique sua pronúncia lendo os diálogos em voz alta. Se possível, grave sua própria voz.

# UNIDADE 7
## Consoantes: da articulação à distribuição

Estudaremos agora alguns sons consonantais que o falante brasileiro tem dificuldade em articular e as principais diferenças entre certos sons consonantais do I e do PB.

O PB tem 21 consoantes. Dependendo da posição que ocupam na palavra, muitas delas podem soar de modo semelhante a seu correspondente em I. O falante brasileiro pode percebê-las e produzi-las facilmente. Certas consoantes do I, porém, não fazem parte do sistema consonantal do PB, o que faz com que o falante brasileiro tenda a substituí-las por sons mais familiares de sua língua nativa.

As palavras do I e do PB estudadas aqui foram escolhidas porque mantêm entre si uma relação de *homonímia*, isto é, apresentam sonoridades semelhantes mas significados diferentes.

**Atividade 58** • Analise a seção consonantal da tabela abaixo.

| p | b | t | d  | tʃ | dʒ | k | g |
|---|---|---|----|----|----|---|---|
| f | v | θ | ð  | s  | z  | ʃ | ʒ |
| m | n | ŋ | h  | l  | r  | w | j |

1) Quantas consoantes existem em I?

Resposta: _____

2) Quais os sons que não existem no PB?

3) Sublinhe aqueles que você acha que podem causar problemas ao falante do PB.

Tanto o I quanto o PB possuem consoantes *sonoras* ou *vozeadas* – aquelas que fazem vibrar as cordas vocais – e consoantes *surdas* ou *não vozeadas* – aquelas que não fazem vibrar as cordas vocais. Observe os exemplos a seguir:

|  | PB |  | I |
| --- | --- | --- | --- |
| Vozeadas | Não vozeadas | Vozeadas | Não vozeadas |
| <u>j</u>á | <u>ch</u>á, <u>x</u>á | vi<u>s</u>ion | mi<u>ss</u>ion |
| <u>v</u>ala, <u>v</u>aca | <u>f</u>ala, <u>f</u>aca | <u>v</u>ine, <u>v</u>an | <u>f</u>ine, <u>f</u>an |
| <u>z</u>ela | <u>s</u>ela | <u>z</u>oo | <u>S</u>ue |

**Atividade 59** • Volte à seção de consoantes da tabela na atividade 58. Você consegue identificar outras consoantes vozeadas ou não vozeadas em I? Quais são elas?

Resposta: _____

_____

_____

**Atividade 60** • Observe a lista de compras abaixo. Circule as consoantes vozeadas e sublinhe as não vozeadas que aparecem no início das palavras.

| Shopping list ||
| --- | --- |
| cheese | grapes |
| butter | kiwis |
| garlic | donuts |
| fish | bananas |
| bread | plums |
| cereal | tomatoes |
| cookies | green peppers |
| soup | carrots |
| juice | tea |

**Atividade 61** • Separe os objetos que pertencem a Isabel e a Sam. Siga o exemplo.

file | juice | shoes | blouse | sweater | zip | vine | jam | shaving kit | soap | paper | daisies | pen

| Vozeadas | Não vozeadas |
| --- | --- |
| Isabel's zip, _____ | Sam's sweater, _____ |
|  |  |

Leia os pares vozeados e não vozeados das atividades 58 e 59. Verifique se a sua pronúncia está correta:

– colocando os dedos junto à garganta,

– colocando a mão sobre a cabeça ou

– tapando os ouvidos para sentir a vibração das cordas vocais.

### 7.1. /p/ (*Pat*), /t/ (*Ted*), /k/ (*Kate*)

Em I, as consoantes não vozeadas /p/, /t/ e /k/ são geralmente percebidas e produzidas como /p/, /t/ e /k/ do PB. A diferença é que em I essas consoantes são *aspiradas* quando formam sílabas tônicas antes de vogal, no início ou no meio de uma palavra. Se o falante leva a mão à boca, pode sentir um sopro forte ao pronunciar as palavras *pen*, *ten*, *Ken*. É o que se chama aspiração.

**Atividade 62** • [CD1/46] Ouça e identifique as frases em que as consoantes /p/, /t/ e /k/ são aspiradas.

Take your time.

Tea, please.

Two cups of coffee.

Pass the pepper, please.

It's cold outside.

Take care.

Anote outros exemplos de frases abaixo.

Resposta: _____

**Atividade 63** • **[CD1/47]** Ouça e compare as consoantes iniciais das sequências de palavras a seguir:

| I | PB |
|---|---|
| paw | pó |
| pull | pulo |
| post | posto |
| tank | tanque |
| took | tuca |
| came | queime |
| kiss | quis |

**Atividade 64** • **[CD1/48]** Observe as histórias em quadrinhos abaixo e ouça os diálogos. Assinale as situações que revelam algum mal-entendido.

1) Shopping for habberdashery

A: I'd like ten pins, please.

B: Ten bins?!!! We have no bins here, I'm afraid…

2) At the grocer's

A: A tin of peas, please.

*A few minutes later…*

Girl turns up all stung, holding a tin with bees buzzing around.

3) At a pet shop

A: My name is Pat and I'm here for Parker.
B: Right, madam.

*A few minutes later...*

B: Here's Barker, madam. Soft and clean.
A: You must be joking! I've come here to see Mr. Parker, the shop owner.

**Atividade 65** • Crie cinco diálogos de duas linhas combinando as frases abaixo e sublinhe as consoantes aspiradas. Siga o exemplo.

1) I'd like to speak to <u>T</u>om <u>P</u>arker.
3) Who's <u>c</u>alling, please?

1) I'd like to speak to Tom Parker.

2) On that table, please.

3) Who's calling, please?

4) What are you taking, Tessa?

5) Tuesday, September 20th.

6) There's some pie and cheese cake in the kitchen.

7) Coffee, tea, toast and cookies.

8) When does the course start?

9) Shall I put the TV on the cabinet?

10) Mmm... I'm peckish.

**[CD1/49]** Leia os diálogos em voz alta e confira suas respostas e sua pronúncia com o CD.

**Atividade 66** • Em que atividades Paul, Ted e Carol se destacam?

| Paul is good at… | Ted is good at… | Carol is good at… |
|---|---|---|
| painting | technology | card games |
|  |  |  |
|  |  |  |

**Atividade 67** • **[CD1/50]** Você consegue decifrar as charadas abaixo? Todas as respostas contêm palavras com /p/, /t/ e /k/ aspirados. Ouça e repita as respostas que estão no CD.

1) Something you drive. _____

2) Related to criminals. _____

3) Where you keep petrol. _____

4) It has trees and flowers. People go walking or running in it. _____

5) Children fly them when it is windy. _____

6) The opposite of go. _____

7) You use it to open a door with. _____

8) You usually write and send it at Christmas time. _____

9) A team that works on planes or ships. _____

10) British favourite hot drink. _____

Em alguns casos, os problemas de pronúncia revelam apenas a ocorrência de sotaque estrangeiro, mas, em outros, chegam a causar graves mal-entendidos. Portanto, tenha cuidado para não aspirar demais, principalmente ao pronunciar /t/ antes de /u:/ ou /i:/ e /ɪ/, como em *two*, *tease* e *tin*. Se pronunciadas indevidamente, essas palavras soam assim: *chew*, *cheese* e *chin*.

/p/, /t/ e /k/ assumem os seguintes padrões ortográficos:

/p/
p (*pan*, *top*)
pp (*apple*, *happy*)

/t/
t (*tea*, *eat*)
tt (*attend*, *tattoo*)
ght (*eight*, *night*)
th, bem mais raro (*Anthony*, *Thomas*, *Thames*)

/k/
k (*Kate*, *keep*)
ch (*character*, *mechanic*)
c (*coat*, *come*)
ck (*sock*, *clock*)

## 7.2. /tʃ/ (*cherry*) e /dʒ/ (*Jerry*)

/tʃ/ e /dʒ/ (*chair* e *gin*) só existem no PB como alofones regionais, isto é, como variantes de /t/ e /d/ antes de /ɪ/, bastante comuns no Sudeste do Brasil. Ex.: "tia" (/tʃɪə/), "dia" (/dʒɪə/).

– Embora seja apenas uma característica regional, essa semelhança pode ser útil para mostrar como e onde os dois sons consonantais são produzidos.

**Atividade 68** • [CD1/51] Ouça a faixa e assinale a figura correta de acordo com as sentenças gravadas.

Exemplo: cat on a mat

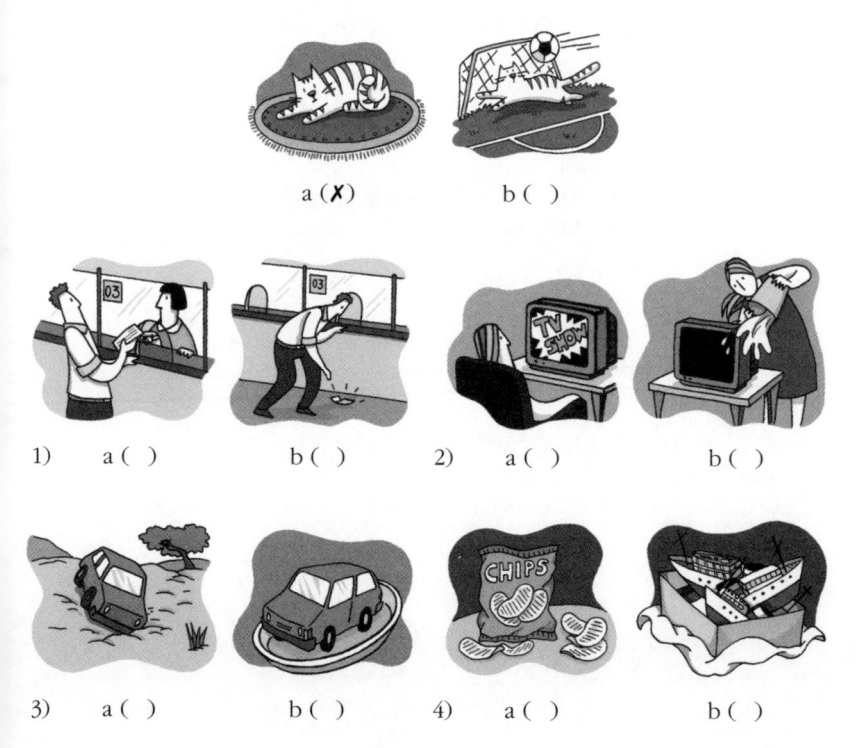

a (✗)   b ( )

1) a ( )   b ( )   2) a ( )   b ( )

3) a ( )   b ( )   4) a ( )   b ( )

/tʃ/ (*cherry*) é um som africado, semelhante a um espirro. Para produzi-lo, a língua pressiona firmemente a parte de trás dos dentes superiores frontais. Primeiro o falante estanca a corrente de ar da fala e em seguida a libera, como na pronúncia da palavra "tchau".

Se você pronuncia /ʃ/ em vez de /tʃ/, *chop* soa como "chope" e *check* soa como "cheque".

/tʃ/ assume os seguintes padrões ortográficos:

*ch* (*rich, cheap*)

*tu* (*picture, culture*)

*tch* (*match, kitchen*)

*ti*, mais raro (*question*)

Se você pronuncia /d/ em vez de /dʒ/, *dear* soa como "dia" e *din* soa como "gim". Se você pronuncia /ʒ/ em vez de /dʒ/, *june* soa como "junho" e *Jackie* soa como "Jaque" ou "já que".

**Atividade 69** • **[CD1/52]** Ouça o locutor e depois leia em voz alta o seguinte texto:

Jane has just come back from a long trip. She has been to Java, Japan, Argentina, Belgium, Germany, Egypt, Jamaica and Jerusalem. She enjoyed herself very much.

Agora leia o texto em voz alta junto com o locutor. Se possível, grave sua própria voz. Ouça e confira com o CD.

/dʒ/ assume os seguintes padrões ortográficos:

*j* (*job, jam, enjoy*)

*g* (*gym, agent, arrange*)

*dg* (*bridge, fridge, fudge*)

**Atividade 70** • No quadro fonêmico abaixo, há onze nomes de cidades, estados e países transcritos foneticamente em I. Transcreva-os ortograficamente.

| tʃ | ɪ  | tʃ | ə  | s | t  | ə  | dʒ | v  | m  |
|----|----|----|----|----|----|----|----|----|----|
| aɪ |    |    |    |    |    | ə  | ə  | æ  |    |
| n  | aɪ | dʒ | ɪə | r  | ɪə |    | p  | dʒ | n  |
| ə  |    | 3ː |    |    |    |    | æ  | ɪ  | tʃ |
| k  | ei | m  | b  | r  | ɪ  | dʒ | n  | n  | ə  |
|    |    | ə  |    |    |    | ɔː |    | ɪə | s  |
|    |    | n  |    |    | iː | dʒ | ɪ  | p  | t  |
|    |    | ɪ  |    |    |    | ɪə |    |    | ə  |
| ɑː | dʒ | ə  | n  | t  | iː | n  | ə  |    |    |

Resposta: _____

**Atividade 71** • Crie frases com palavras que contenham /dʒ/ e /tʃ/. Leia-as em voz alta e, se possível, grave sua própria voz. Ex.: *Charles likes chips and John likes jam.*

### 7.3. /θ/ (*Matthew*)

O som consonantal /θ/ (*thin, thank*) não faz parte do sistema fonológico do PB, de modo que o falante brasileiro muitas vezes percebe e produz /θ/ como /s/, /t/ ou /f/.

Se você pronuncia /s/ em vez de /θ/, *mouth* soa como *mouse*. Se você pronuncia /t/ em vez de /θ/, *thank* soa como *tank*. Se você pronuncia /f/ em vez de /θ/, *thin* soa como *fin*.

**Atividade 72** • [CD1/53] Ouça a pronúncia das palavras abaixo e tente distinguir os sons /θ/, /s/ e /t/.

| thick | sick | tick |
|---|---|---|
| thin | sin | tin |
| thought | sought | taught |
| theme | seem | team |
| bath | bass | bat |
| Beth | Bess | bet |

**Atividade 73** • [CD1/54] Ouça os diálogos abaixo. Qual dos falantes pronuncia /θ/ adequadamente?

A: Something's wrong here.
B: Nothing's wrong. I checked it.

A: Happy birthday!
B: Thanks! By the way, I'm giving a party...

A: Do you think she's coming?
B: Yes, she'll be here on Thursday.

A: Ruth left her thick coat here.
B: I thought she'd taken it home.

**Atividade 74** • Onde ocorre /θ/ nas palavras abaixo? Acrescente seus próprios exemplos.

thirty | bathroom | mouth | both | anything | thin

Resposta: _____

_____

_____

_____

**Atividade 75** • [CD1/55] Como você pronuncia os números e as datas abaixo?

US$ 335 | 2/3 | 8th floor | Feb. 14th | 13% | 38 ºC | June 12th | 543-8935 | £6000

Com esses números e datas, complete os diálogos a seguir. Siga o exemplo.

A: How much is your commission?
B: 13%.

A: _____ hot, isn't it?
B: _____ .
A: _____ live?
B: _____ .
A: _____ birthday?
B: _____ .
A: _____ you like to cash?
B: _____ .

**Atividade 76** • Confira sua pronúncia dos números ordinais respondendo oralmente ao questionário abaixo.

1) When is your birthday?

2) When is Independence Day in Brazil and in the USA?

3) When is Teacher's Day?

4) When is Valentine's Day in Brazil, in the UK and the USA?

5) When is your next English test?

6) What day is the last day of term?

– O som consonantal /θ/ não é tão difícil quanto parece, principalmente se você observar e sentir como ele é produzido.

– Lembre-se de que /θ/ é uma consoante não vozeada, isto é, as cordas vocais não vibram ao produzir esse som.

– Mire-se no espelho e coloque a ponta da língua entre os dentes. Coloque a mão diante da boca e sinta o ar passar entre os dentes superiores e a língua.

– Segure uma folha de papel a alguns centímetros de distância do rosto e pronuncie palavras que contenham /θ/. Observe o que acontece.

### 7.4. /ð/ (*Heather*)

O som consonantal /ð/ ocorre também nos pronomes *this*, *these*, *that*, *those*. Em termos articulatórios, é bem semelhante ao /θ/, mas, ao contrário deste, faz vibrarem as cordas vocais, o que significa que /ð/ é uma consoante vozeada. O falante do PB tende a percebê-lo e produzi-lo como a consoante vozeada /d/, às vezes como /z/ e, com menos frequência, como /v/.

Se você pronuncia /d/ em vez de /ð/, *they* soa como *day*, *loathing* soa como *loading* e *those* soa como *doze*. Se você pronuncia /z/ em vez de /ð/, *then* soa como *zen* e *breathe* soa como *breeze*.

**Atividade 77** • **[CD1/56]** Ouça os falantes da faixa. Em quais palavras você ouve /ð/?

1) _____   5) _____
2) _____   6) _____
3) _____   7) _____
4) _____   8) _____

– Quando você pronuncia a consoante /ð/, a ponta da língua relaxa entre os dentes, formando uma obstrução parcial. As cordas vocais vibram. Se você coloca a mão diante da boca, sente o ar passar entre os dentes e a língua.

– Pratique a pronúncia de /ð/ lendo um texto que contenha os sons /θ/ ou /ð/ e, se possível, gravando sua própria voz. Assinale as palavras em que as consoantes /θ/ e /ð/ foram bem pronunciadas. Circule as palavras cujas pronúncias precisam de mais prática. Anote-as.

### 7.5. /h/ (*Hugh*)

O som consonantal /h/ encontra-se em palavras como *hat*, *hill*, *hot*, *him*. Trata-se de um som fácil de perceber e produzir. É um som não vozeado: para produzi-lo, as cordas vocais não vibram e o ar passa livremente pela garganta.

O falante do PB, conforme a variante, tende a perceber e produzir /h/ como /r/ ("caro") ou /ʀ/ ("carro"). Se você pronuncia /r/ em vez de /h/, *hose* soa como "Rose", *hope* soa como "roupa" e *hat* soa como "rato".

**Atividade 78** • [CD1/57] Ouça um falante do I e um falante do PB e compare suas pronúncias de /h/ e /r/.

| I | PB |
|---|---|
| hear | ria |
| heel | Rio |
| hay | rei |

Para produzir o som consonantal /h/, os lábios e a língua assumem a posição da vogal e você sente o ar sair livremente da boca. Esse som corresponde ao *h* que costuma transcrever foneticamente uma risada: "Ha! Ha! Ha!"

### 7.6. /r/ (*Ray*)

O som consonantal /r/ é o que se ouve em palavras como *red*, *write* e *Ray*. Para produzi-lo, os lábios arredondam-se e voltam-se ligeiramente para a frente. A língua flexiona-se um pouco, mas não toca nenhum ponto dentro da boca. É possível sentir as cordas vocais vibrarem. Embora no I o /h/ e o /r/ sejam diferentes quanto ao modo e ao ponto de articulação, são geralmente percebidos e produzidos como o /r/ e o /ʀ/ do PB.

**Atividade 79** • **[CD1/58]** Ouça e anote a sequência de sons da faixa. Siga o exemplo.

| /r/ | /h/ |
|-----|-----|
| rat | hat |
|     |     |
|     |     |
|     |     |
|     |     |
|     |     |

**Atividade 80** • **[CD1/59]** Ouça a faixa e observe as figuras. Em seguida, assinale-as de acordo com o que disse o falante.

1) (a) Sue gave me a big rug.
   (b) Sue gave me a big hug.

   ( )   ( )

2) (a) Put the box in here.
   (b) Put the box in the rear.

   ( )   ( )

3) (a) He's hiding in the park.
   (b) He's riding in the park.

   ( )   ( )

4) (a) We live in a rut.
   (b) We live in a hut.

   ( )   ( )

5) (a) What's your height?
   (b) What's your right?

   ( )                ( )

## 7.7. /j/ (*Yago*)

O som /j/ é uma semivogal e aparece em palavras como *yes*, *year* e *view*. Note que o movimento do som semivocálico transita rapidamente para a vogal.

/j/ assume os seguintes padrões ortográficos:

*y* (*yet*, *yellow*)

*i* (*onion*, *union*)

*u*, mais raro (*unit*, *pure*)

*eau*, mais raro (*beautiful*)

**Atividade 81** • [CD1/60] Pratique a pronúncia de /j/ nos seguintes diálogos, lembrando que esse som é *breve* e *rápido*.

A: Are you ready?
B: Not yet.

A: Have you seen John's bright yellow car?
B: It's a beauty!

A: Isn't that Peter Yelton?
B: Yes, that's right. We used to go yachting years ago.

## 7.8. /w/ (*William*)

O som /w/ também é uma semivogal e aparece em palavras como *Wednesday*, *wood* e *woman*. Assemelha-se a alguns ditongos do PB: "Páscoa", "água". Note que, também neste caso, o movimento do som semivocálico transita rapidamente para a vogal.

Além do padrão ortográfico mais comum,

*w* (*was*, *were*, *want*, *wood*, *would*, *anyway*, *between*, *highway*)

/w/ também aparece grafado assim:

*o* (*one*)

*qu* (*quiet, queen*)

**Atividade 82** • [CD1/61] Pratique a pronúncia de /w/ lendo em voz alta os seguintes diálogos:

A: What a wonderful party!
B: Yes. All the women were wearing white.

A: Dr. Wood's clinic. Good morning?
B: I'd like to make an appointment for Wednesday, please.

A: What will you call the baby?
B: William Wellington Wilson.
A: Well... What an impressive name!

Crie seus próprios diálogos.

## 7.9. /l/ (*Carol*), /m/ (*Tom*), /n/ (*Anne*) e /ŋ/ (*young*)

### /l/ *Carol*

**Atividade 83** • [CD1/62] Ouça os falantes. O que acontece com /l/ no meio e no fim das palavras em I e no PB? Que diferenças você nota?

1) The boy fell in the canal.
   O menino caiu no canal.

2) My name's Elza.
   Meu nome é Elza.

3) Sylvia's my sister.
   Sílvia é minha irmã.

Como você vê, /l/ é vocalizado no PB, ou seja, é percebido e produzido como o som vocálico /ʊ/. Para produzi-lo em I, a ponta da língua toca a parte de trás dos dentes superiores, à semelhança da pronúncia do /l/ em certas regiões do Rio Grande do Sul.

Pratique a pronúncia de /l/ dobrando a ponta da língua e fazendo-a repousar atrás dos dentes superiores.

## /m/ (*Tom*), /n/ (*Anne*)

**Atividade 84** • [CD1/63] Ouça os falantes. O que acontece com os sons consonantais /m/ e /n/ no meio e no fim das palavras em I e no PB? Que diferenças você nota?

1) My tea<u>m</u>'s going to wi<u>n</u>! Co<u>m</u>e and watch the<u>m</u>!
2) Foi assi<u>m</u>... Paguei sete libras e dez pe<u>n</u>ce.
3) This pe<u>n</u>cil, ma'<u>m</u>? That'll be te<u>n</u> dollars, please.
4) Eu, hei<u>n</u>? Será que te<u>m</u> ge<u>n</u>te que paga isso por u<u>m</u> lápis?
5) Where's my co<u>m</u>b?
6) Co<u>m</u> que roupa eu vou à festa?
7) Ki<u>m</u> is a mou<u>n</u>tain cli<u>m</u>ber.
8) Que<u>m</u> ganhou o torneio?

Anote as diferenças.

Resposta: _____

_____

_____

_____

_____

## /ŋ/ (*young*)

O som /ŋ/ não faz parte do sistema fonológico do PB, mas pode ser encontrado como um alofone, ou seja, como uma variante, em palavras como "bi<u>n</u>go", "A<u>n</u>gra", "ta<u>n</u>go", "ta<u>n</u>que" "bri<u>n</u>co". Pratique a pronúncia de /ŋ/ produzindo bem devagar a palavra "tango" em PB: *tan-go*. Faça isso duas ou três vezes e sinta a parte anterior da língua se levantar, tocar o palato mole (o final do céu da boca) e baixar. Repita o processo, mas pare na primeira sílaba (*tan*). Perceba então que a parte anterior da língua está levantada e preparada para a produção da sílaba *go*. Não termine a pronúncia da palavra e não mova a língua. Continue a produzir o *n* final de *tan*. Pronto: você acaba de pronunciar /ŋ/. Faça o mesmo com as palavras "Angra", "bingo", "tanque" e "brinco".

O falante brasileiro tende a pronunciar /ŋ/ como /ng/, talvez por associação à ortografia do PB ("bingo"). Além disso, costuma acrescentar uma vogal intrusiva ao fim das palavras: *thing* (/θɪngɪ/), *ring* (/rɪngɪ/), *wrong* (/rɔngɪ/), *going* (/goɪngɪ/).

**Atividade 85** • [CD1/64] Ouça a faixa. Qual dos falantes acrescenta uma vogal intrusiva ao fim das palavras?

A: Is anything wrong?
B: Nothing...
A: Nothing? Sure?
B: Well, I'm going to have a baby.
A: You must be joking!!!

A: I'm thinking of taking that job in the south.
B: Good for you! Have you told the boss?
A: Not yet. He's away in a big meeting or something.

A: The phone's ringing.
B: I'll take it. Hello, who's calling?
C: This is Ben Young from Young & Sons. I'm calling about the...

– Atenção: Você tem o costume de acrescentar uma vogal intrusiva, principalmente no fim das palavras?

– No meio e no fim das palavras, /m/, /n/ e /ŋ/ são percebidos e produzidos pelo falante do PB como vogais nasalizadas (e como semivogais).

– Pratique a pronúncia de /m/ encostando um lábio no outro, principalmente quando /m/ é o último som de uma palavra.

– Pratique a pronúncia de /n/ tocando a língua na parte posterior dos dentes frontais, principalmente no fim das palavras.

– Pratique a pronúncia de /ŋ/ levantando a parte de trás da língua. Verifique se você não está acrescentando uma vogal intrusiva, principalmente no fim das palavras.

– Pronuncie um som consonantal que você aprendeu em I que se assemelhe a um som consonantal do PB. Você acha que precisa praticar mais essa pronúncia?

– Que sons consonantais do I são novos para o falante do PB? Quais dos sons abaixo você acha que precisa praticar?

| /tʃ/ (<u>Ch</u>erry) | /h/ (<u>H</u>arry) |
|---|---|
| /dʒ/ (<u>J</u>erry) | /r/ (<u>R</u>ay) |
| /θ/ (Mat<u>th</u>ew) | /ð/ (Hea<u>th</u>er) |
| | |
| | |
| | |
| | |

Agora você consegue produzi-los com mais segurança? Há outros que precisa praticar? _____

Até aqui estudamos a percepção e a produção de sons consonantais do I e nos concentramos nos mais difíceis de articular. Agora veremos como os sons consonantais são distribuídos nas palavras em I, principalmente no começo e no fim. Comecemos, porém, observando os sons consonantais finais das palavras no PB.

**Atividade 86** • Leia o poema abaixo e sublinhe os sons consonantais que aparecem no fim das palavras. Siga o exemplo.

> **Zoom out**
>
> Distancia<u>r</u>...
> para observar
> a si mesmo e aos outros
> é mais fácil do que trabalhar
> os resultados dessa observação.
>
> Vá fundo,
> abra o coração,
> sem medo...
> E com muita paixão.
>
> Z. A. A. N.

Os sons consonantais finais que encontrei são: _____

**Atividade 87** • Analise a tabela de sons consonantais abaixo. Que diferenças você nota entre as consoantes finais e iniciais em I e no PB?

| I | | PB | |
|---|---|---|---|
| Inicial | Final | Inicial | Final |
| /p/ pen | top | /p/ pato | — |
| /t/ ten | net | /t/ tato | — |
| /k/ can | back | /k/ cato | — |
| /b/ best | job | /b/ bato | — |
| /d/ day | bad | /d/ dado | — |
| /g/ goat | dog | /g/ gato | — |
| /f/ fair | cough | /f/ fato | — |
| /v/ vain | of, save | /v/ vala | — |
| /s/ say | kiss | /s/ sala | salas, rapaz |
| /z/ zero | his, buzz | /z/ zero | — |
| /ʃ/ show | cash | /ʃ/ chato, xadrez | — |
| /ʒ/ Asia | garage | /ʒ/ jato | — |
| /m/ man | ham | /m/ mato | — |
| /n/ no | pan | /n/ nata | — |
| /l/ leg | small | /l/ lata | — |
| /w/ we | law (letra muda) | — | — |
| /j/ yes | — | /j/ iodo | — |
| /tʃ/ check | watch | [tʃ] tia | — |
| /dʒ/ gin | age | [dʒ] dia | — |
| /ŋ/ | going | — | — |
| /r/ Ray | car | — | — |
| /h/ hat | — | /R/ Rui | — |
| /θ/ thank | mouth | — | — |
| /ð/ they | breathe | — | — |
| — | — | /ñ/ linha | — |
| — | — | /λ/ ilha | — |

**Atividade 88** • Responda:

1) Quantos sons consonantais existem em cada língua?

Resposta: _____

2) Que sons consonantais são iguais em ambas as línguas?

Resposta: _____

3) Que sons consonantais são diferentes entre elas?

Resposta: _____

4) Que consoantes do PB podem apresentar dificuldade de pronúncia ao falante do I? Por quê?

Resposta: _____

5) Que sons consoantais em I podem apresentar dificuldade de pronúncia ao falante do PB? Por quê?

Resposta: _____

6) Copie as consoantes que aparecem no fim das palavras em I.

Resposta: _____

7) Copie as consoantes que aparecem no fim das palavras no PB.

Resposta: _____

8) Após analisar a tabela, responda: qual é a principal dificuldade do falante brasileiro ao pronunciar os sons consonantais no fim das palavras em I?

Resposta: _____
_____
_____

# UNIDADE 8
## CONSOANTES FINAIS TRAVADAS, VOGAL INTRUSIVA E COMBINAÇÕES CONSONANTAIS

### 8.1. Consoantes finais travadas

A maioria das palavras em inglês termina com uma consoante, que é sempre *travada* ou, tecnicamente falando, *oclusiva*. Isso quer dizer que, embora articulado, o som consonantal não "soa" de fato, devido ao desencadeamento ou à parada brusca do escoamento do ar pela boca.

Quando uma palavra em I termina com *e*, o som correspondente resulta *e* normalmente surdo. Ex.:

pipe | white | like | bribe | hide | beige | life | alive

Além disso, muitas vezes o último som de uma palavra em I é consonantal. Ex.:

cap⌐ | duck⌐ | pot⌐ | big⌐ | card⌐ | Bob⌐

Muitos falantes do PB tendem a acrescentar um som vocálico extra às palavras do I, como em *cap* /kæpɪ/ e *duck* /dʌkɪ/, o que afeta gravemente o ritmo e o significado do que se fala. Isso confunde o ouvinte, porque tais sílabas extras não são características do I.

**Atividade 89** • [CD2/01] Ouça as palavras abaixo. Coloque o sinal ⌐ ao lado da consoante final travada. Algumas das palavras não apresentam essa característica. Siga o exemplo: pot⌐

| map |  lamp |  torch |  bulb |

plug  socket  lead/cord (USA)  switch

mug  cup  plate  glass

fork  lid  pot  napkin

Pratique a pronúncia repetindo essas palavras. Verifique se você trava de fato a consoante final.

**Atividade 90** • **[CD2/02]** Ouça a faixa. Em quais palavras ocorre a consoante travada? Coloque o sinal ⌐ ao lado de cada uma delas. Siga os exemplos.

What⌐ time? At⌐ two.

What day? Next Wednesday.

What name? Jack Jones.

How old? Eight.

How big? Very big.

How much? About nine dollars.

**Atividade 91** • **[CD2/03]** Ouça e leia em voz alta os diálogos abaixo. Sublinhe os sons consonantais das posições finais. Siga o exemplo.

A: Everyth<u>ing</u> must be ready by ni<u>ne</u> tonight.
B: By ni<u>ne</u>? Too late.

A: Could you give me a hand with these books?
B: Sure. Where do you want them?

A: What do you need for the office?
B: A desk, a filing cabinet, a table and a rug.

A: American English or British English?
B: I really don't mind. I just want to speak the language!

Anote os sons consonantais que você sublinhou.

Resposta: _____

_____

_____

_____

O falante brasileiro pode ter dificuldade em pronunciar as consoantes finais do I pelo fato de que a maioria das palavras do PB termina com som vocálico. No PB, são relativamente poucas as palavras que apresentam consoantes em posição final: os artigos (os, as), as formas infinitivas dos verbos ("falar", "ler", "ir", "pôr"), os substantivos terminados em *r* ("amor", "lar"), *s* ou *z* ("rapaz", "atrás") ou *l* ("anel", "mil") – característica regional do extremo Sul do Brasil.

– Tente reter o som da consoante final em I. "Segure-a", e sua fala soará bem mais natural. Se você não a "segura", ocorre a invasão do que se chama *bug vowel* ou "vogal intrusiva".

## 8.2. Vogal intrusiva ou *bug vowel*

**Atividade 92** • [CD2/04] Ouça o diálogo. Que diferenças você identifica entre suas pronúncias?

Resposta: _____

_____

_____

_____

Um dos maiores desafios que o I apresenta ao falante brasileiro (bem como aos falantes de línguas latinas) é justamente evitar a pronúncia da vogal intrusiva no início, no meio e no fim das palavras. Como já foi dito, isso acontece porque a maioria das palavras do PB termina com som vocálico.

A vogal intrusiva assemelha-se a um *bug* ou "vírus": daí seu nome em I, *bug vowel*. Esse "vírus" afeta a acentuação da palavra e da oração e interfere no ritmo e na própria sintaxe do discurso. Ouça novamente a faixa 4 e localize os *bugs* nos discursos dos falantes.

Resposta: _____

_____

Você nota um problema semelhante em sua fala? Em caso afirmativo, volte ao item 8.1.

### 8.3. Combinações consonantais

Quando duas ou mais consoantes aparecem juntas numa palavra, ocorre uma *combinação*. Combinações simples ocorrem tanto em I quanto no PB. Ex.:

| block | bloco |
|---|---|
| clear | claro |
| franc | franco |
| degree | agrado |
| plan | plano |
| pray | prato |
| try | três |
| admit | admitir |
| technician | técnico |

Ambas as línguas, porém, diferem bastante em número e tipo de sons vocálicos e consonantais a serem combinados nas sílabas. No PB cotidiano, por exemplo, o falante costuma inserir foneticamente uma vogal (/e/ ou /i/) entre as consoantes, formando assim uma nova sílaba: [a--di-mi-'tir], ['te-ki-ni-ku].

O I apresenta combinações mais complexas do que o PB, constituídas de duas ou mais consoantes no começo, no meio ou no fim das palavras. Ex.: *sport*, *strong*, *missed*, *months*. A pronúncia dessas combinações pode ser um problema para o falante do PB, que tende a lhes acrescentar um som vocálico intrusivo.

**Atividade 93** • [CD2/05] Ouça os falantes e sublinhe as combinações presentes nas palavras abaixo. Quais você precisa praticar?

| small | passport |
|---|---|
| clothes | holds |
| strange | government |
| months | tired |
| breeze | snob |

**Atividade 94** • [CD2/06] Ouça e leia em voz alta a mensagem abaixo gravada numa secretária eletrônica. Sublinhe as combinações consonantais e coloque o sinal ⌐ ao lado das consoantes travadas. Siga o exemplo.

This is Anna. There's a night⌐ flight leaving next Monday. I don't like the idea of flying at night but I got the ticket for a really low price... Mmm... Thanks for collecting my passport. The keys to my apartment are in the office. Just ask Phillip. Anything special from New York? Get back to me.

## 8.4. Combinações com /s/ (*Steve*)

O som consonantal /s/, principalmente quando seguido por outra consoante no início das palavras em I, pode causar problemas para o falante do PB, que tende a lhe acrescentar uma vogal intrusiva.

**Atividade 95** • Pratique sua pronúncia lendo em voz alta este anúncio:

---
# Enjoy Spark's special winter sale!
From a wide selection of scarves, skirts and slacks, all down by 50%.

---

Procure no dicionário palavras que contenham combinações com /s/ e crie seu próprio anúncio:

---
# Enjoy _____ !
From a wide selection of _____, _____, all down by ____.

---

**Atividade 96** • Organize os meses do ano de acordo com as combinações consonantais. Siga o exemplo.

January | February | March | April | May | June | July | August | September | October | November | December

/rst/ January is the first month of the year.

/lfθ/ _____

/nd/ _____

/kθ/ _____

/rθ/ _____

/rd/ _____

— Faça uma compilação de palavras do I que hoje em dia já fazem parte do PB corrente, os chamados *empréstimos linguísticos*, como *stress*/"estresse" e *football*/"futebol". Essas palavras são bons exemplos de como o som vocálico intrusivo cria sílabas adicionais para aproximar o I do padrão do PB. Com isso, a pronúncia prolonga-se e afeta o ritmo da fala em I.

— Observe sua pronúncia no que diz respeito à vogal intrusiva /i/ em posição inicial, como na pronúncia de *stop*, *spray* e *school*, para que sua fala adquira um ritmo mais natural em I.

### 8.5. Finais em -s: uma combinação ou uma sílaba?

Como já foi dito, tanto o PB como o I têm sons vozeados e não vozeados. Esse aspecto comum a ambas as línguas ajuda a entender que os finais em /s/ são pronunciados de maneiras diferentes.

|  | PB | I |
| --- | --- | --- |
| Vozeados | já, viu, zelo, Bia | joke, van, zoo, Bill |
| Não vozeados | chá, fio, selo, pia | choke, fan, Sue, pill |

Em I, os finais em *s* aparecem no plural dos substantivos, na terceira pessoa do singular, no presente simples, no caso possessivo e em abreviaturas. O falante do PB tende a pronunciar os finais em *s* apenas como /s/.

**Atividade 97** • **[CD2/07]** Ouça a faixa e assinale as palavras em que você identifica uma nova sílaba.

| | | |
|---|---|---|
| George – George's | fix – fixes | watch – watches |
| Ann – Anne's | sell – sells | car – cars |
| Jack – Jack's | rent – rents | bike – bikes |
| what – what's | who – who's | it – it's |
| when – when's | he – he's | she – she's |

Ouça novamente a faixa e anote as palavras em que o final em -s é pronunciado como:

/z/ _____

/s/ _____

**Atividade 98** • **[CD2/08]** Ouça e pratique o diálogo entre duas "fofoqueiras" que comentam a vizinhança. Preste atenção no uso que elas fazem das palavras trabalhadas na atividade 97.

A: What's new?

B: Just the new neighbours.

A: Have you met them?

B: Well, not officially but I know their names and stuff... look that's George, he's just come in.

A: What does he do?

B: I don't know... but George's brother fixes watches.

A: Mm... and who's that?

B: That's Anne's mother. She sells cars. Ann is not in. She's out.

A: She's always out! And who's the driver?

B: That's Jack's uncle. He rents bikes.

*The phone rings and B answers.*

B: Hello?

C: Can I speak to D, please?

B: Who's calling?

C: It's from his office. When's he coming back?

B: It's three o'clock and he's not in his office?! He's not here either.

C: Well... no... I'm not sure... I don't know... (rings off quickly).

**Atividade 99** • **[CD2/09]** Há uma grande liquidação numa loja. Ouça os nomes dos produtos em oferta e organize-os de acordo com a identidade do som final. Siga o exemplo.

coats | watches | glasses | dresses | pots and pans | household goods | fridges | kitchen units | shelves | irons | forks | microwave ovens | dishwashers | washing-machines | lamps | rugs | gloves

| /iz/ | /s/ | /z/ |
|---|---|---|
| watches | forks | gloves |
|  |  |  |
|  |  |  |
|  |  |  |
|  |  |  |

Ouça a faixa novamente. Circule os sons finais que atraíram uma nova sílaba:

| /s/ | /l/ | /r/ | /z/ | /ð/ |
|-----|-----|-----|-----|-----|
| /ʒ/ | /d/ | /tʃ/ | /dʒ/ | /ɪz/ |
| /m/ | /f/ | /b/ | /g/ | /p/ |
| /t/ | /k/ | /θ/ | /ʃ/ | /ŋ/ |

**Atividade 100** • [CD2/10] Ouça o programa de rádio. O que acontece com os finais em -*es* da fala livre e espontânea?

The topic of today's program is the ideal husband. A recent survey shows that the ideal of a good husband has changed. Here is what women aged 18 to 40 had to say.

"A good husband helps a lot in the house. He cooks, he does the dishes, takes out the trash and walks the dog."

"In my opinion, a good husband looks after the kids, fetches them from school, puts them to bed and reads to them when I'm not at home."

"A good husband has to be a handy man. He fixes the shower, paints the house and changes bulbs for me."

"All I want is a husband that puts away his ties and shoes, tidies up after him and smokes outside the house."

Resposta: _____

_____

**Atividade 101** • Responda:

1) Quando se pronuncia /ɪz/ como uma nova sílaba?

Resposta: _____

2) Quando se pronuncia /z/ como uma combinação?

Resposta: _____

3) Quando se pronuncia /s/ como uma combinação?

Resposta: _____

4) Você precisa praticar a pronúncia de *consoantes travadas* ou de *combinações consonantais*?

Resposta: _____

Selecione exemplos extraídos de um livro didático ou de um texto em áudio. Depois grave-os com sua própria voz.

## 8.6. Finais em -ed: combinação ou sílaba?

**Atividade 102** • Quais palavras terminam com -ed? Faça a correspondência entre as ilustrações e as alternativas abaixo. Existe uma alternativa a mais?

a) passado simples ( )
b) presente perfeito ( )
c) passado perfeito ( )
d) voz passiva ( )
e) presente simples ( )
f) adjetivos ( )

1) Sorry, I was out when you called me.

2) We had worked out the problem before you explained it to us!

3) Oh, dear... he's just arrived!

4) I was terribly annoyed. He was really pleased.

5) The data was entered and then processed.

O falante do PB tende a pronunciar -*ed* como sílaba do I por influência da soletração e pelo fato de que as palavras do PB não costumam terminar com grupos consonantais. Além disso, a maioria dos falantes do PB que estudam I percebe -*ed* como tendo sempre o mesmo som quando na verdade -*ed* pode assumir diversos sons, conforme o contexto. Ex.: *play<u>ed</u>, show<u>ed</u>, as<u>ked</u>, satisf<u>ied</u>, pleas<u>ed</u>*.

**Atividade 103** • **[CD2/11]** Ouça a faixa e assinale as palavras em que se ouve uma sílaba extra:

| want | wanted | brush | brushed | tire | tired |
|---|---|---|---|---|---|
| annoy | annoyed | play | played | avoid | avoided |
| like | liked | need | needed | watch | watched |

Ouça a faixa novamente. Observe como a terminação -*ed* é pronunciada.

**Atividade 104** • Pratique a pronúncia das palavras acima criando frases com elas. Ex.: *We watched a good movie last night.*

Resposta: _____

_____

_____

_____

**Atividade 105** • Observe os verbos abaixo. Quantas sílabas há em cada forma verbal? Siga o exemplo.

| Forma básica | Passado simples |
|---|---|
| stop (1) | stopped (1) |
| match | matched |
| laugh | laughed |
| change | changed |
| miss | missed |
| finish | finished |
| visit | visited |
| cover | covered |
| decide | decided |

**Atividade 106** • **[CD2/12]** Ouça os verbos da atividade anterior. Todos têm o mesmo número de sílabas em ambas as formas? Assinale os verbos que no passado simples apresentam uma sílaba a mais.

Qual é o modo mais fácil de contar sílabas: lendo as formas verbais ou simplesmente as ouvindo? Por quê?

Resposta: _____

_____

**Atividade 107** • **[CD2/13]** Ouça a faixa e faça a correspondência (onde houver) entre os verbos e as combinações fonéticas que apresentam. Siga o exemplo.

entered | processed | corrected | printed | faxed | dated | received | folded | closed | sealed | addressed | stamped | planned | marked | typed | listened | recorded | cleaned

| | |
|---|---|
| /zd/ | /kt/ |
| /tʃt/ | /nd/: cleaned |
| /rd/ | /md/ |
| /pt/ | /kst/ |
| /st/ | /ld/ |
| /vd/ | /ɪd/ |

**Atividade 108** • **[CD2/14]** Ouça os diálogos abaixo. O que ocorre com os finais em -ed na fala corrente?

A: I'm so tired. I've cleaned the kitchen and scrubbed the floor, washed and pressed your shirts, dusted the furniture, polished the car and vacuumed the sitting room.
B: Too tired to go out for dinner?
A: Well... I won't be a minute. Where shall we go?

A: What did you do last weekend?
B: Not much, really. I planned lessons, marked tests, typed students' reports, listened to some CDs and recorded myself...
A: Not much?!

Leia os diálogos em voz alta.

**Atividade 109** • Responda às questões usando as palavras abaixo. Simule um diálogo com um colega ou grave sua própria voz.

delighted | irritated | annoyed | tired | distressed | pleased | worried | scared

How do you feel when:

people keep you waiting?
the phone rings late at night?
someone praises your work?
you have lost something you like?
a suspicious-looking stranger approaches you?
someone spills coffee on your new clothes?
you have marked lots of tests?

Resposta: _____

_____
_____
_____
_____
_____
_____

Acrescente pelo menos duas perguntas cujas respostas contenham um adjetivo com final em -*ed*.

Resposta: _____

_____
_____
_____
_____
_____

Algumas palavras fogem à regra do /t, d, ɪd/ e apresentam o -*ed* como sílaba à parte. Em sua maioria, são adjetivos, e a pronúncia específica de seu -*ed* final as distingue da forma do passado simples, que segue a referida regra. Ex.:

aged | beloved | blessed | crooked | cursed | learned | naked | ragged | wretched

**Atividade 110** • Pesquise num dicionário as palavras acima e crie frases em que elas apareçam como adjetivos. Ex: *Peter looks aged after his heart surgery.*

Resposta: _____

– Conte o número de sílabas de acordo com o número de sons vocálicos da palavra.

– Pronuncie a palavra e tente acompanhar o ritmo da contagem com palmas ou batidas de pé, ou mesmo com o tamborilar da caneta na mesa.

# UNIDADE 9
## Pronúncia e ortografia

Uma das características mais conhecidas do I é a falta de correspondência entre pronúncia e ortografia. Isso quer dizer que um mesmo fonema pode apresentar diversos grafemas. Ex.: o mesmo fonema /e/ aparece grafado de diversas formas nas palavras *bed, many, friend, read, says, bury, leopard* e *Leicester*.

**Atividade 111** • Localize as diversas ortografias do som vocálico *schwa* /ə/ nas seguintes palavras:

avocado salad | delicious chicken | rabbit | cotton | police | suggest | August | occasion | purpose | eleven | biscuit | circuit | thorough

Em compensação, um mesmo grafema pode corresponder a diversos fonemas, como demonstra a atividade abaixo.

**Atividade 112** • [CD2/15]

*If you think English is easy...*

I take it you already know
Of tough and bough and cough and dough?
Others may stumble but not you,
On hiccough, thorough, laugh, and through.
Well done! And now you wish, perhaps,
To learn of less familiar traps?
Beware of heard, a dreadful word
That looks like beard and sounds like bird,
And dead: it's read like bed, not bead –
For goodness'sake don't call it "deed"!
Watch out for meat and great and threat.
(They rhyme with sweet and straight and debt.)

A moth is not a moth in mother.
Nor both in bother, broth in brother.
And here is not a match for there
Not dear and fear for bear and pear.

And then there's dose and rose and lose –
Just look them up – and goose and choose,

And cork and work and card and ward,
And font and front and word and sword,
And do and go and thwart and cart!
Come, come, I've hardly made a start!

Esse poema, atribuído a T. S. Watt (1954), ilustra claramente a divergência entre pronúncia e ortografia em I. Tente transcrever foneticamente os sons das palavras abaixo, que têm o *-ough* em comum, utilizando a tabela da p. 10.

1) though _____

2) through _____

3) cough _____

4) bough _____

5) thorough _____

6) tough _____

**Atividade 113** • Interligue as palavras que apresentam o mesmo som vocálico:

|  | |
|---|---|
|  | 1) cough |
| a) cut | 2) through |
| b) hot | 3) bough |
| c) no | 4) tough |
| d) blue | 5) though |
| e) now | 6) thought |
|  | 7) thorough |

## 9.1. Como pronunciar o grafema *u*: "U can be a problem"

**Atividade 114** • [CD2/16] Eis aqui alguns trechos de um programa de notícias em que são pronunciadas várias palavras com a letra *u*. Após ouvir a faixa, liste essas palavras, classificando-as de acordo com as várias transcrições fonéticas de *u*.

1) The new Secretary for Agriculture has made a public announcement focusing on a few production procedures. Although his introductory comments were quite confusing, his remark about a surplus of soy this year was clearly understood.

2) Many illnesses which once killed are curable today. Nevertheless, many others, like the bird flu, for example, have reduced the population by 20% over the last decade.

3) Participants in the 2010 Conference on Education have concluded that courses on Language and Culture should be compulsory at every school in order to cultivate the minds of all learners from very early ages.

4) Streetfights are an everyday occurrence in this part of town. Authorities are to introduce a new plan devised together with local citizens.

5) Despite the culture gap between teenagers and their parents, almost all of them agree that The Ugly Duckling was their favourite bedtime story.

6) Doctors and nurses tend to have sleep-related problems. Nutritionists and culinary experts say that a balanced diet may be of great help.

7) The upcoming event on English Language Teaching will tackle a great variety of topics such as: the use of puppets when teaching young learners, the importance of pronunciation practice for adult students on a regular basis and the skill of reading news on current affairs.

/ʌ/ _____

/ɜː/ _____

/ə/ _____

/jʊ/ _____

/uː/ _____

Acrescente exemplos.

Com base nas combinações entre o grafema *u* e consoantes, o que se pode concluir sobre sua pronúncia correta?

Em certos contextos, o falante do PB tende a pronunciar *u* como /ju/, o que talvez se deva ao fato de relacionar a pronúncia ao próprio nome da letra *u*, que é /ju/. Palavras como *focus* e *culture* tendem a ser produzidas inadequadamente com /ju/ e não com /ə/ e /ʌ/.

Também no PB não é raro encontrar um mesmo fonema consonantal representado por grafemas diferentes, embora a variação seja mais limitada do que no I. Veja exemplos na próxima atividade.

**Atividade 115** • **[CD2/17]** Leia e ouça o poema abaixo e tente classificar suas palavras de acordo com o som consonantal que lhes corresponde. Exemplo:

| /s/ | /k/ | /ʃ/ | /ʒ/ | /z/ | /ʀ/ |
|-----|-----|-----|-----|-----|-----|
| sem | casa |   |   |   |   |
|     |     |   |   |   |   |
|     |     |   |   |   |   |
|     |     |   |   |   |   |

Quero uma casa branca e pequena com janelas azuis,
com tigelas brancas e panelas de barro,
uma roda de amigos à mesa,
sem o gelo e a guerra da cidade.

Quero uma casa branca e pequena com janelas azuis,
com crianças correndo soltas, sem medo,
um gato manso e um cão de caça,
uma horta com maxixe e chuchu.

Quero uma casa pequena com jeito caipira,
com excelente água de poço,
um riacho descendo o morro,
e onde tudo cresça sem pressa.

Não é exatamente o paraíso,
mas é quase isso...

*E. M. P.*

## 9.2. Letras mudas

Assim como no PB, em I há muitas palavras que contêm grafemas sem fonema correspondente, ou seja, letras que não são pronunciadas. No PB, é o caso do *h*: "hora", "hoje", "homem".

Em I, essas letras "mudas" podem aparecer no começo (*honest*, *know*, *psychology*), no meio (*Christmas*, *listen*, *climber*) ou no fim das palavras (*comb*, *office*, *five*). Às vezes há mais letras do que sons.

**Atividade 116** • **[CD2/18]** Ouça a faixa e assinale os grafemas (vogais e consoantes) que você não ouve, ou seja, as *letras mudas*.

engine | castle | walk | hour | knock | sign | home | debt | plumber | daughter | complete | like | island | know | doubt | could | autumn | column | should | foreign | design | honour | receipt | weigh | might | wrong | listen | eighty | machine | whistle | lamb | psychologist | whole | write | right | palm | honesty | half | walk | Wednesday | handkerchief | cupboard | Christmas | knee | yacht | dough

Acrescente exemplos à lista.

Confira suas respostas com o CD.

**Atividade 117** • **[CD2/19]** Observe as palavras abaixo e anote quantas letras e quantos sons existem em cada uma. Siga o exemplo.

|         | Número de letras | Número de sons |
|---------|------------------|----------------|
| coffee  | 6                | 4              |
| wrap    |                  |                |
| catch   |                  |                |
| bathe   |                  |                |
| smile   |                  |                |
| bare    |                  |                |
| bomb    |                  |                |
| awful   |                  |                |
| money   |                  |                |
| fought  |                  |                |
| calm    |                  |                |
| ache    |                  |                |
| watched |                  |                |

Confira suas respostas com o CD.

# UNIDADE 10
## ACENTUAÇÃO

Como saber qual é a sílaba tônica das palavras no PB? Observe os seguintes exemplos:

Antônio | janeiro | café | andar | máquina | ótimo | ânimo | informações | educação

É possível reconhecer a sílaba tônica pelos sinais diacríticos (acentos circunflexo, grave, agudo e til). Mas não é difícil prevê-la mesmo sem esses sinais, porque cerca de 70% das palavras do PB são paroxítonas, ou seja, palavras em que a tônica recai sobre a penúltima sílaba: "sonho", "carinho", "boneca", "retorno". Embora às vezes o falante do PB sinta-se inseguro ao tentar identificar a tônica das palavras em I, tem a seu favor o fato de que, em matéria de acentuação, as duas línguas apresentam semelhanças.

**Atividade 118** • [CD2/20] Sublinhe a sílaba tônica de cada uma das palavras em I e em PB do quadro abaixo. Em seguida, ouça o CD e confira as respostas.

| I | PB |
|---|---|
| radio | rádio |
| fantastic | fantástico |
| music | música |
| return | retorno |
| language | língua |
| syllable | sílaba |
| example | exemplo |
| tonic | tônica |
| lexicon | léxico |
| hotel | hotel |
| police | polícia |
| guitar | guitarra |
| giraffe | girafa |

Você consegue lembrar de outros exemplos?

| I | PB |
|---|----|
|   |    |
|   |    |
|   |    |
|   |    |

Embora as palavras ouvidas guardem diferenças quanto ao número de sílabas (*music* = 2, "música" = 3), todas elas recebem acento tônico na mesma sílaba. Mas o que acontece quando o falante do PB depara com as diferenças de acentuação entre as duas línguas? Ele recorre à prosódia do PB e transpõe seu padrão de acentuação para a pronúncia de certas palavras do I. No caso das palavras desta atividade, tal recurso tem resultado positivo, devido à posição coincidente das tônicas. O mesmo não se dá, porém, com algumas palavras da próxima atividade.

**Atividade 119** • **[CD2/21]** Antes de ouvir o CD: 1) sublinhe a sílaba tônica das palavras em PB; 2) escreva a tradução correspondente em I e sublinhe a sílaba tônica da palavra. Ouça e confira as respostas, e anote suas correções na última coluna. Veja o exemplo:

| PB | I | I (correções) |
|----|---|---------------|
| co<u>mum</u> | <u>com</u>mon | ✓ |
| coragem |   |   |
| organizar |   |   |
| imitar |   |   |
| importante |   |   |
| turista |   |   |
| analisar |   |   |
| multiplicar |   |   |
| original |   |   |
| improvisar |   |   |

**Atividade 120** • **[CD2/22]** Ouça algumas dicas sobre pronúncia. Repita as frases em voz alta, observando a acentuação silábica.

"It's important to organise your work on pronunciation. Listen and imitate what the speaker says. You can record yourself. Then, analyse and compare your production to the original texts. You can also try and improvise a short presentation."

**Atividade 121** • **[CD2/23]** Ouça um diálogo entre professores. Assinale a sílaba tônica das palavras em negrito e em seguida pratique sua pronúncia.

A: How do you make learners more **independent**?
B: I think our school team is **developing** new materials on **independent learning**.
A: How can you make this activity really **interesting** and **communicative**?
B: Have you tried the **adjective** game? My students love it!

**Atividade 122** • **[CD2/24]** Aprenda a identificar sílabas tônicas e átonas usando o "recurso do LAli". Ouça os esquemas silábicos (à esquerda) e as palavras que se encaixam em seus padrões de pronúncia (à direita).

| | | | |
|---|---|---|---|
| LAli | – classroom | liLA | – correct |
| LAlili | – difficult | liliLA | – understand |
| liLAli | – computer | LAlilili | – supermarket |
| liLAlili | – photography | liliLAli | – independent |
| liLAlilili | – imaginative | liliLAlili | – economical |

**Atividade 123** • **[CD2/25]** Ouça os diálogos que utilizam algumas das palavras a seguir e relacione-as a seus respectivos padrões de acentuação. Veja os exemplos na tabela a seguir.

today | interesting | Japanese | confused | exercise | Amazon | anything | tomorrow | ecological | ecology | communicative | Portuguese | disasters | adjective | adverb | summarise | Saturday | imagination | encouraging | congratulations | actually | exam | responsibility

| LAli | liLA | LAlili | liLAli |
|---|---|---|---|
|  | today |  |  |
|  |  |  |  |
|  |  |  |  |
|  |  |  |  |
|  |  |  |  |
|  |  |  |  |
|  |  |  |  |
|  |  |  |  |

| liliLA | LAlilili | liLAlili | liliLAli |
|---|---|---|---|
|  |  |  |  |
|  |  |  |  |
|  |  |  |  |
|  |  |  |  |
|  |  |  |  |

| liLAlilili | lililAlili | lililiLAli | lililiLA |
|---|---|---|---|
|  |  | congratulations |  |
|  |  |  |  |
|  |  |  |  |
|  |  |  |  |
|  |  |  |  |

Procure memorizar a acentuação das palavras estudadas registrando-as no Apêndice B, Organizador de sons e soletração.

Os padrões estudados acima são os mais comuns. Mas é bom saber que algumas palavras com mais de duas sílabas apresentam um acento secundário. Pesquise num dicionário como é assinalada foneticamente a acentuação secundária das seguintes palavras: *communication, responsibility, initiative, interaction*.

Resposta: _____
_____
_____

**Atividade 124** • **[CD2/26]** Ouça os seguintes diálogos e relacione as palavras aos padrões abaixo:

A: Brazil **exp**orts its best coffee.
B: That's true. And soy **exp**orts have gone up, too.
A: What a lovely desk! Where did you get it?
B: You won't believe it. I got it at a **re**ject shop.
A: What!? Another oil in**crease** next week?
B: I told you they were going to in**crease** prices again.
A: Have they made the bank **trans**fer?
B: Yes, the amount was trans**ferr**ed on October 15.
A: Lovely wine! Where from? **Pro**duce of Bento Gonçalves.
B: They pro**duce** good wine there, you know.

|  | ▌ ▪<br>PRO  ject | ▪ ▌<br>pro  JECT |
|---|---|---|
| export |  |  |
| produce |  |  |
| transfer |  |  |
| contact |  |  |
| reject |  |  |
| increase |  |  |

O que você pode concluir sobre os padrões de acentuação dessas palavras?

Resposta: _____

_____

**Atividade 125** • **[CD2/27]** Identifique e compare a acentuação das palavras abaixo:

organizar/organise | analisar/analyse | supervisionar/supervise | enfatizar/emphasise | facilitar/facilitate | imitar/imitate | multiplicar/multiply | simplificar/simplify

1) Qual é a sílaba tônica dos verbos em português?

Resposta: _____

_____

2) Qual é a sílaba tônica dos verbos de origem latina em inglês?

Resposta: _____

_____

_____

3) O que você pode concluir a partir desses exemplos?

Resposta: _____

_____

_____

4) Acrescente exemplos de verbos do I que têm origem latina, marcando a sílaba tônica com o sinal ■.

Resposta: _____

_____

_____

**Atividade 126** • **[CD2/28]** Ouça as frases a seguir e complete os espaços em branco com as palavras mais apropriadas, de acordo com o padrão acentual. Você não ouvirá as palavras, e sim o "LAli". No CD, as respostas sugeridas podem ser ouvidas logo após a gravação das frases abaixo.

1) I had a _____ party last Saturday.

2) The girl wearing that _____ blue dress is my sister.

3) Help yourself to anything you want in the kitchen when you feel _____.

4) I don't think Mary's boyfriend is a _____ person.

5) Have you seen my new car? It's _____.

6) When people see you worried they usually say "be _____".

– Se você não fizer distinção entre vogais acentuadas e não acentuadas, pode soar agressivo ou impaciente.

– Sempre que você aprender novas palavras do I, deve sublinhar nelas a sílaba tônica e marcá-la com os sinais ■ ou ●. Convém ainda anotá-las no Apêndice C, Organizador de acentuação silábica.

– Como se verá adiante, a combinação acentuação/não acentuação do I ocorre também quando se quer enfatizar determinadas palavras da frase.

# PARTE 3
# O QUE A FRASE CONTÉM?

# UNIDADE 11
## PADRÕES DE ACENTUAÇÃO DA FRASE

O I segue padrões básicos de acentuação da frase. Ao adotá-los, o falante do PB é muito mais facilmente entendido em I. Para produzir em I frases que respeitem esses padrões, convém saber quais palavras acentuar e quais não acentuar.

**Atividade 127** • [CD2/29] Ouça as chamadas de embarque. Qual delas você entende melhor? Por quê?

Resposta: _____

_____

_____

As línguas podem apresentar maior tendência ao ritmo acentual (*stress-timed*) ou maior tendência ao ritmo silábico (*syllable-timed*). A tendência ao ritmo acentual manifesta-se pela ocorrência das sílabas acentuadas em intervalos mais regulares. A tendência ao ritmo silábico manifesta-se pela maior regularidade em termos de duração das sílabas. Portanto, quanto mais sílabas, maior o intervalo de tempo. Mas o que isso significa na prática? Veja:

| | | | |
|---|---|---|---|
| 1) ONE | TWO | THREE | FOUR |
| 2) ONE and | TWO and | THREE and | FOUR |
| 3) ONE and a | TWO and a | THREE and a | FOUR |
| 4) ONE and then a | TWO and then a | THREE and then a | FOUR |

(Adapt. MORTIMER, C. *Elements of Pronunciation*. Cambridge University Press, 1985.)

Em 1), há quatro palavras monossilábicas, todas acentuadas. Em 2), a sequência passa a ter quatro sílabas acentuadas e três não acentuadas. Em 3) e 4), ainda há quatro sílabas acentuadas, mas já ocorrem aí seis e nove não acentuadas, respectivamente. Não importa que no total haja quatro sílabas, como em 1), ou treze sílabas, como em 4): todas as sequências parecem ser produzidas quase que no mesmo espaço de tempo. Para isso, o falante precisa reduzir as sílabas não acentuadas entre as acentuadas, utilizando o *schwa* e fazendo ligações entre as palavras.

**Atividade 128** • Tente produzir as quatro sequências acima inserindo as sílabas não acentuadas à medida que elas vão aparecendo. Para sentir o ritmo, estale os dedos ou bata palmas a cada sílaba tônica.

As palavras que carregam as sílabas tônicas (*one, two, three, four*) são as "palavras-conteúdo" (*content words*), isto é, as que possuem significado próprio: substantivos, verbos principais, advérbios, adjetivos, pronomes interrogativos ("que", "quando", "onde") e demonstrativos ("esse", "aquele", "esses", "aqueles"). As que não carregam as sílabas tônicas são as "palavras-função" (*form or functional words*): preposições, verbos auxiliares, conjunções, pronomes. Estas em geral não são acentuadas na frase, a não ser que o falante queira lhes dar destaque. As palavras-função são muito reduzidas em I, enquanto no PB são menos acentuadas, mas não reduzidas. Ex.:

I bought a car.

The professor is famous.

She's written a paper.

| Palavras-conteúdo | Palavras-função |
| --- | --- |
| bought, car | I, a |
| professor, famous | The, is |
| written, paper | She's, a |

Embora todas as palavras-conteúdo sejam acentuadas, uma delas pode receber ênfase especial, conforme o sentido da frase. Trata-se da *acentuação principal da frase*, que ocorre na palavra que carrega a informação nova ou mais relevante do ponto de vista do falante, ou na última palavra-conteúdo. Veja:

Peter bought a new hat in Leeds.

Susan drove home in the rainstorm.

A fim de entender melhor a diferença entre palavras-conteúdo e palavras-função, podemos comparar aquelas a pedras grandes e estas a pedras pequenas. Para cruzar um rio, preferimos pisar nas pedras maiores, do contrário corremos o risco de cair na água. Ou seja: para produzir e receber uma mensagem, convém tomar como apoio as pedras maiores e não se fiar nas menores. Imagine que você precisa enviar uma mensagem que contenha as seguintes informações:

I will be arriving at the airport on Saturday at noon. Please, can you meet me?
With love from Pat.

Que palavras você escolheria para tornar a mensagem o mais clara possível?

I will be arriving at the airport on Saturday at noon. Please, can you meet me?
With love from Pat.

Você provavelmente escolheria as palavras assinaladas, porque são elas que carregam a mensagem. Se somente as demais recebessem destaque, a mensagem soaria ininteligível: *I will be at the on at. can you me? With from*. Não há dúvida, portanto, de que os acentos frasais que constituem a mensagem residem nas palavras assinaladas.

**Atividade 129** • [CD2/30] Leia estas trovas em voz alta ou ouça o CD. Compare o ritmo do PB ao ritmo do I.

| | |
|---|---|
| Um, dois, feijão com arroz. | One, two, buckle my shoe. |
| Três, quatro, feijão no prato. | Three, four, shut the door. |
| Cinco, seis, feijão inglês. | Five, six, pick up sticks. |
| Sete, oito, comer biscoito. | Seven, eight, lay them straight. |
| Nove, dez, comer pastéis. | Nine, ten, do it again. |

Anote o que você descobriu.

Resposta: _____
_____
_____
_____
_____

**Atividade 130** • **[CD2/31]** Ouça as instruções de bordo anunciadas por dois comissários de voo. Qual deles você entende melhor? Por quê?

Resposta: _____

_____

_____

_____

**Atividade 131** • **[CD2/32]** Ouça e repita as palavras abaixo. Pratique as instruções de bordo com o CD.

**Após o pouso**

Ladies | gentlemen. | Welcome | Paris. | now | 8:23 | am | local | time | temperature | 17 | Celsius. | Please | remain | seated | seat | belts | fastened | aircraft | comes | complete | stop. | look | forward | having | again | BR | aircraft. | Thank | flying | BR | Airlines | have | good | stay.

Anote o que você observou sobre o seu ritmo.

Resposta: _____

_____

**Atividade 132** • **[CD2/33]** Ouça a faixa e pratique estas "regras caseiras". Circule as palavras acentuadas.

If you sleep on it, make it up.

If you wear it, hang it up.

If you drop it, pick it up.

If you eat out of it, put it in the sink.

If you step on it, wipe it off.

If you open it, close it.

If you empty it, fill it up.

If it rings, answer it.

If it howls, feed it.

If it cries, love it.

**Atividade 133** • [CD2/34] Pratique os seguintes padrões de acentuação e acrescente outros à lista.

| | | |
|---|---|---|
| ●• | tell her<br>shut it<br>help me<br>_____ | call them<br>stop him<br>eat them<br>_____ |
| •● | the man<br>of course<br>his likes<br>_____ | at last<br>to work<br>her book<br>_____ |
| ●•• | cover it<br>talk to him<br>give him it | pay for it<br>send us one<br>_____ |
| •●• | I think so<br>I'm sorry<br>_____ | I'd love to<br>just listen<br>_____ |
| ••● | it is true<br>she's correct | we are wrong<br>_____ |
| ●•••• | listen to me<br>whisper to her<br>argue with them<br>_____ | buy them for them<br>throw it to me<br>lend it to her<br>_____ |
| •●•• | I've heard of it<br>he's used to it<br>I've paid for it | I've studied it<br>we spoke to them<br>_____ |
| ••●• | it was easy<br>it's inhuman<br>we can see them<br>_____ | we can send it<br>there were thirty<br>she may call them<br>_____ |
| •••● | She was afraid.<br>There was a storm.<br>Were you abroad? | Can you return?<br>Is it prepared?<br>_____ |

95

**Atividade 134** • Crie diálogos que incluam algumas das expressões anteriores.

**Atividade 135** • [CD2/35] Relacione o ritmo das frases à esquerda com o ritmo das palavras à direita. Em seguida, ouça o CD e confira as respostas.

| | |
|---|---|
| 1) I'd like you | ( ) December |
| 2) I promised him it | ( ) overcome |
| 3) reading aloud | ( ) comparatively |
| 4) I can see it | ( ) certainly |
| 5) She's wonderful | ( ) superimpose |
| 6) talk to him | ( ) activity |
| 7) help me | ( ) pretty |
| 8) give it to her | ( ) delicacy |
| 9) do it up | ( ) democratic |
| 10) ask John | ( ) trainee |

**Atividade 136** • [CD2/36] Ouça as palavras abaixo e crie frases cujos padrões de ritmo correspondam à acentuação delas.

1) guarantee _____
2) October _____
3) selfish _____
4) canteen _____
5) envelope _____
6) enthusiastic _____
7) aquamarine _____
8) sympathetic _____

# UNIDADE 12
# LIGAÇÃO

O falante do PB frequentemente tem dificuldade em entender a fala corrente do I. Por que certos falantes do I soam como se "comessem" metade das palavras? O ouvido acostumado ao PB entende-os quando falam mais devagar.

Esta unidade visa conscientizar o falante do PB das características do discurso informal e espontâneo em I. Ele pode incorporar ou não essas características a seu próprio uso do I, mas, de todo modo, é importante que saiba reconhecê-las e interpretá-las.

Tanto no PB quanto no I, é comum haver ligação entre o som final de uma palavra e o som inicial da palavra seguinte. Observe:

Os‿olhos‿azuis; mas‿agora...; poucas‿e boas...

as‿horas... E‿aí? Eu‿e‿eles‿andamos‿até‿aqui.

**Atividade 137** • Ouça novamente o poema da atividade 115 (faixa 17). Que palavras estão ligadas entre si? Marque as ligações com o sinal ‿, como no exemplo.

amigos‿à mesa; janelas‿azuis

Dê exemplos das ligações que ocorrem no poema:

vogal + vogal _____

_____

/z/ + vogal _____

_____

**Atividade 138** • [CD2/37] Ouça estas instruções usadas em sala de aula e marque as ligações. Siga os exemplos.

Come‿in.

Look‿at the picture‿on page two.

Take out your workbooks, please.

Find out the meaning of the words in exercise four.

Please work with a partner.

Is everyone ready?

Please write it down.

Speak up, please.

Work out the answers.

Please hand in the homework.

Agrupe as ligações marcadas de acordo com o seguinte padrão:

consoante + vogal _____

_____

vogal + vogal _____

_____

**Atividade 139** • [CD2/38] Amanhã é seu dia de folga. Ouça a faixa, marque as ligações e crie sua própria lista de atividades. Pratique a pronúncia lendo-a em voz alta.

Get up at eight
Call Alice
Sign up for the arts course
Fetch Ingrid
Pick up suit at cleaner's

**Atividade 140** • [CD2/39] Uma professora de I enfrenta uma entrevista de emprego. Ouça a faixa quantas vezes for necessário e transcreva o diálogo.

Interviewer: _____

_____

Teacher: _____

_____

Interviewer: _____

Teacher: _____

Interviewer: _____

Teacher: _____

Quantas palavras estão ligadas em cada frase? Assinale-as na sua transcrição do diálogo acima.

Pratique repetindo a entrevista e gravando-a com sua própria voz. Você pronuncia as ligações de maneira correta?

**Atividade 141** • **[CD2/40]** Agora você é o professor de I que passa por uma entrevista de emprego. Converse com o entrevistador.

Interviewer: So, your full name is…

You: _____

Interviewer: And what's your English background? Where did you learn it?

You: _____

Interviewer: Right. And how about your teaching experience?

You: _____

Interviewer: Why have you chosen English as a career?

You: _____

Interviewer: OK. Thank you for coming. We'll contact you as soon as possible.

Identifique as ligações nas falas do entrevistador e veja se você também as produziu.

# UNIDADE 13
## SIMPLIFICAÇÕES, ELISÕES (OU SÍNCOPES), FORMAS FRACAS E CONTRAÇÕES

Como você explicaria a um estrangeiro em visita ao Brasil o significado das expressões abaixo?

'cença | p'favor | O vô tá lá? | 'xa pra lá | p'sora | Qué qui ce qué?

Resposta: _____

_____

_____

Como no PB, o I também apresenta simplificações. Exemplos comuns são: *gotta go, gotcha, seeya, wanna come?*.

**Atividade 142** • [CD2/41] Ouça os avisos abaixo. De início eles são lidos bem devagar. Tente repeti-los.

1) Ladies and gentlemen, we'd like to inform you that National Air offers free shuttle service for Congonhas and Guarulhos International Airport. Thank you.

2) Ladies and gentlemen, in about 20 minutes we'll be landing at JFK Airport in New York. Please keep your seat belts fastened, raise the back of your seat to the upright position and make sure your tray tables are closed and locked. From now on, please turn off all electronic devices. Thank you.

**Atividade 143** • [CD2/42] Ouça os mesmos avisos produzidos agora por outro locutor. Que diferenças você nota entre as duas locuções?

Resposta: _____

_____

_____

**Atividade 144** • Ouça mais uma vez os avisos acima e tente falar junto com o locutor. Anote as palavras que sofreram contração.

Resposta: _____

_____

_____

# UNIDADE 14
# ENTONAÇÃO

O que é entonação? De modo geral, é a música da língua, a curva melódica da frase, por meio da qual o falante expressa atitudes, sentimentos, intenções. Qual seria a "melodia" do PB? E a do I? Você saberia identificá-las?

**Atividade 145** • [CD2/43] Ouça o diálogo abaixo. Qual dos falantes é brasileiro? Justifique sua escolha.

On a university campus.

Speaker 1: Are you a teacher?

Speaker 2: No, I'm a student here. I'm taking a course in language and literature.

Speaker 1: What do you think of it?

Speaker 2: I quite like it. And you?

Speaker 1: I'm majoring in Psychology but I'm thinking of taking up English, too.

Speaker 2: Well, 'must go now. Nice meeting you.

Resposta: _____
_____
_____
_____

**Atividade 146** • Pense no vocábulo "já" em PB. De quantas formas você pode pronunciá-lo? De acordo com a forma de pronunciá-lo, quais são seus significados?

JÁ? _____

JÁ. _____

JÁ! _____

Agora examine as situações abaixo e escolha uma das três formas de "já".

a) Mãe fica surpresa com a chegada do filho duas horas mais cedo da escola.
   _____

b) Filho explica que fugiu da última aula porque não tinha feito a lição. Mãe fica brava e o coloca de castigo no quarto. _____

c) Mãe telefona para o pai, conta o acontecido e pergunta se ele poderia vir mais cedo para casa. Ele responde: "Sim, irei _____ "

**Atividade 147** • [CD2/44] Ouça as sequências a seguir e complete o quadro.

|  | Quem são os falantes? | Onde estão? | Sobre o que estão falando? |
|---|---|---|---|
| Sequência 1 |  |  |  |
| Sequência 2 |  |  |  |
| Sequência 3 |  |  |  |
| Sequência 4 |  |  |  |
| Sequência 5 |  |  |  |
| Sequência 6 |  |  |  |

As atividades acima nos mostram que a "melodia" da língua varia em função da interação entre o falante, o ouvinte e o assunto ou a mensagem. Muitas descrições da entonação do I foram elaboradas com o intuito de responder a duas questões básicas:

1) Qual é a *forma* da entonação, isto é, o que podemos observar quando estudamos a variação do tom usado na fala?

2) Qual é a importância linguística dessa variação, isto é, qual é sua *função*?

**Forma ou sistema da entonação do I**

Podemos ver que, além dos fonemas, o quadro fonêmico nos mostra as possibilidades de *tons* do I por meio das flechas presentes no canto superior direito.

| i: | ɪ | ʊ | u: | ɪə | eɪ |  |
|---|---|---|---|---|---|---|
| e | ə | ɜ: | ɔ: | uə | ɔɪ | əu |
| æ | ʌ | ɑ: | ɒ | eə | aɪ | au |
| p | b | t | d | tʃ | dʒ | k | g |
| f | v | θ | ð | s | z | ʃ | ʒ |
| m | n | ŋ | h | l | r | w | j |

De acordo com o quadro, o I apresenta cinco tons:

- ↘ descendente
- ↗ ascendente
- ↘↗ descendente-ascendente
- ↗↘ ascendente-descendente
- → nivelado

Comparativamente, há menos estudos sobre a entonação do PB do que sobre a do I. Em síntese, o sistema entonacional do I inclui a variação de altura melódica (*pitch range*), a tonalidade e a tonicidade.

A *tonalidade* refere-se à organização da mensagem em unidades ou grupos tonais. A *tonicidade* refere-se à localização da sílaba tônica ou acentuada no grupo tonal. Ao escutar enunciados em I, observe esses elementos, que podem lhe servir de apoio para desenvolver a compreensão oral.

Em outras palavras, dentro da escala representada aqui pelas linhas horizontais, a voz do falante do I desce e sobe mais ao pronunciar uma frase do que a do falante do PB.

## Função da entonação

De modo geral, a entonação tem o propósito de facilitar a compreensão da mensagem que o falante transmite ao ouvinte. Eis algumas das funções que os estudiosos da área propõem para a entonação:

| | | |
|---|---|---|
| FUNÇÃO | Atitudinal | Expressa atitudes e emoções (alegria, tristeza, raiva, agradecimento). |
| | Acentual | Enfatiza ou evidencia as sílabas que precisam ser percebidas como acentuadas ou tônicas. |
| | Gramatical ou sintática | Ajuda a reconhecer e a distinguir entre perguntas e respostas, afirmações, orações subordinadas etc. |
| | Discursiva | Sinaliza o que pode ser entendido como informação nova e informação conhecida e mostra ao ouvinte o tipo de resposta esperada. |
| | Ligada ao gênero | Ajuda a identificar os tipos de gêneros produzidos oralmente. Mediante a mistura de diversos fatores, como tamanho das unidades tonais, proporção de curvas ascendentes e descendentes, variação tonal, velocidade da fala, altura, ritmo etc., distinguimos a narração de uma partida de futebol, um noticiário, uma oração, um sermão, um poema, uma simples conversa. |

É importante salientar que as funções anteriores entrelaçam-se em vários momentos.

**Atividade 148** • **[CD2/45]** Ouça os diálogos abaixo e marque as frases com uma flecha decrescente (↘) quando a voz desce e com uma flecha ascendente (↗) quando a voz sobe. Siga o exemplo 7).

| 1) <br> Who? <br> You. <br> Me? <br> Yes. | 5) <br> Put it away. <br> Where? <br> Here. <br> Why? |
|---|---|
| 2) <br> When? <br> Today. <br> Too busy. <br> Too bad. | 6) <br> Turn it down. <br> No. <br> Turn it down! <br> I won't. |
| 3) <br> Whose? <br> Mine. <br> Yours? <br> Yes. | 7) <br> She's gone. ↘ <br> Sure? ↗ <br> Yes. ↘ <br> Good. ↘ |
| 4) <br> Here or to go? <br> To go. <br> Thanks. <br> Bye. | 8) <br> Cake? <br> Please. <br> Coffee? <br> Black. |

\* Diálogos adaptados de Wong R. (1987).

Crie dois diálogos. Se possível, grave-os com sua própria voz, atentando para a entonação.

**Atividade 149** • **[CD2/46]** Ouça a faixa e identifique o significado de cada "Mm" no diálogo abaixo.

A: Would you like some cake?

B: Mm? ⎯⎯⎯⎯⎯⎯⎯⎯⎯⎯⎯⎯⎯⎯⎯⎯⎯⎯⎯⎯⎯⎯⎯

A: Would you like some cake?

B: Mm. ⎯⎯⎯⎯⎯⎯⎯⎯⎯⎯⎯⎯⎯⎯⎯⎯⎯⎯⎯⎯⎯⎯⎯

A: Here you are.

B: Mm! _____

A: Glad you like it. I made it myself. Would you like to try it with honey?

B: Mm? _____

A: Honey. It's delicious with honey. Wanna try some?

B: Mm. _____

A: Here you go.

B: Mm! _____

**Atividade 150** • [CD2/47] Ouça as frases e assinale a coluna: 1 – a conversa é *sobre* uma pessoa; 2 – a conversa é *com* uma pessoa. Exemplo:

I haven't met Mary. (Estou falando *sobre* Maria.)

We haven't met, Mary. (Estamos falando *com* Maria.)

Atenção: as frases não têm pontuação, de modo que só uma escuta cuidadosa pode revelar seu significado correto.

|  | 1 | 2 |
|---|---|---|
| 1) I don't know Mr. Jones. | | |
| 2) John doesn't remember Helen. | | |
| 3) I haven't written mother. | | |
| 4) She hasn't called Mary. | | |
| 5) I couldn't hear Dr. Jones. | | |
| 6) We haven't met Miss Smith. | | |
| 7) I haven't forgotten Prof. Johnson. | | |
| 8) I haven't heard Bill. | | |
| 9) He doesn't remember Miss Black. | | |
| 10) We don't know Dr. Smith. | | |

**Atividade 151** • [CD2/48] Ouça os diálogos entre professora e alunos. Marque as frases com as flechas estudadas na página 102. Ouça novamente e marque as pausas com uma barra (/). Exemplo:

TEACHER: Maria. ↘ Go to the map ↗ and find North America. ↘

MARIA: Here it is. ↘

TEACHER: Correct. ↘ Now class, / who discovered America? ↘

CLASS: Maria. ↘

1) TEACHER: Why are you late, Frank?

   FRANK: Because of the sign.

   TEACHER: What sign?

   FRANK: The one that says, "School Ahead, Go Slow."

2) TEACHER: Glenn, how do you spell "crocodile"?

   GLENN: K – R – O – K – O – D – I – A – L

   TEACHER: No, that's wrong.

   GLENN: Maybe it's wrong, but you asked me how *I* spell it.

3) TEACHER: Donald, what is the chemical formula for water?

   DONALD: H I J K L M N O.

   TEACHER: What are you talking about?

   DONALD: Yesterday you said it's H to O.

4) TEACHER: Winnie, name one important thing we have today that we didn't have ten years ago.

   WINNIE: Me!

5) TEACHER: Millie, give me a sentence starting with "I".

   MILLIE: I is...

   TEACHER: No, Millie... Always say, "I am".

   MILLIE: All right... "I am the ninth letter of the alphabet."

**Atividade 152** • [CD2/49] Ouça os diálogos abaixo. Por que a palavra new recebe destaque nas falas?

A: Did you hear that John bought another second-hand car?

B: No, he bought a new car.

A: Did John buy a new car or a second-hand one?

B: He bought a new car.

Resposta: _____

O I usa com frequência o recurso de acentuar uma palavra ao longo da fala para destacá-la das demais. Como os falantes do PB costumam dar destaque a uma informação? Responda a essa questão traduzindo os diálogos acima.

Resposta: _____

_____

_____

_____

**Atividade 153** • **[CD2/50]** Antes de ouvir os diálogos abaixo, sublinhe a palavra ou as palavras que, de acordo com o contexto, devem ser enfatizadas. Depois ouça e confira.

1) A: Have you seen my watch?
   B: Which watch?
   A: The silver one.
   B: It's in the safe.

2) A: Can I help you?
   B: I want a sweater.
   A: What kind of sweater?
   B: A woolen one in blue.

3) A: Would you like a drink?
   B: Wine, please.
   A: Red?
   B: Red is fine.

4) A: What do you do?
   B: I'm a teacher.
   A: I thought your father was a teacher.
   B: He's a lawyer.

5) A: Did you hire a car?
   B: I bought one.
   A: Why?
   B: It was a bargain.

# Respostas

**Comentários das autoras**

Se, por um lado, um falante com sotaque estrangeiro pode ser às vezes mal-entendido e provocar reações negativas, por outro, as peculiaridades de seu jeito de falar podem soar interessantes ou mesmo charmosas e despertar no ouvinte o desejo de comunicação.

Vários sentimentos e pensamentos afloram quando ouvimos estrangeiros falando ou tentando falar nossa língua: surpresa, irritação, preconceito, paternalismo, compaixão etc. Só para citar alguns exemplos: "coitado, deixe-me tentar entendê-lo para poder ajudá-lo"; "essa pessoa está no Brasil há tanto tempo e ainda não fala o português direito!"; "nossa, como seu português é bom – nem parece que está aqui há um mês!"; "que pronúncia engraçada – por que será que ela não consegue falar sem sotaque?"; "como alguém vem para um país estrangeiro sem falar a língua local?"; "mas que pessoa corajosa – vir para o Brasil sem entender o português!".

O importante é lembrar que o sotaque é uma maneira de falar. Tendo aprendido nossa língua materna, fazemos uso dos sons já conhecidos como referência para uma segunda língua. A visão adotada neste livro é a de que a reflexão sobre as diferenças e semelhanças entre os sistemas de sons da L1 e da língua-alvo pode ajudar o aprendiz a adquirir novas categorias de sons e fazer as distinções necessárias.

Também temos um sotaque que nos identifica como indivíduo pertencente a uma comunidade, uma cidade, um estado: *variante* ou sotaque paulistano, carioca, mineiro, gaúcho, baiano, cearense, goiano, e assim por diante. O termo "dialeto", também usado como sinônimo de variante ou sotaque, não é aqui utilizado por entendermos dialeto como variações não somente de pronúncia, mas também de vocabulário e gramática pertencentes a determinada língua. Variante ou sotaque referem-se aqui a variações ligadas estritamente à pronúncia.

## Atividade 1 • [CD1/01]

Falante estrangeiro B = mais fácil de ser entendido; mais fluente.
Falante estrangeiro A = mais difícil de ser entendido. Fala truncada, com muitas pausas.

PERFIL DE PRONÚNCIA (respostas sugeridas)

| Elementos de pronúncia | Falante | Exemplos |
|---|---|---|
| Vogais | A: Pronuncia /a:/ ao invés de /e/. Pronuncia /e/ ao invés de /é/. | "examplo" "e complicado para mim" |
| | B: Pronuncia as vogais com clareza e precisão. | "amigos brasileiros", "funcionários", "diferença" |
| Consoantes | A: Pronuncia /m/ em posição final como a bilabial do inglês. | "Bem", "um foto" |
| | B: Sabe identificar as consoantes que lhe causam dificuldade. | "Rio","real" |
| Acentuação da palavra | A: Procura articular claramente as palavras. | "Idioma difícil" |
| | B: Acentua adequadamente as palavras. | "Idioma difícil" |
| Acentuação da frase | A: As pausas entre as palavras interferem na acentuação da frase e no ritmo, que soa fragmentado. | "Bem/eu/ainda/estou/ aprendendo" |
| | B: Acentua as palavras de maior relevância; faz ligação entre as palavras e pausa entre grupos de palavras. | ..."me ajudaram a perceber essa diferença **imensa** entre falar e escrever". |
| Entonação | A: Em certas frases, parece transferir a entonação do inglês. | "Acho uma idioma difícil, não?" ↗ |
| | B: Entonação e ritmo bem próximos do PB; faz ligação entre as palavras e pausa entre grupos de palavras, o que a ajuda a tornar o ritmo mais natural. | "Acho que não vou perder meu sotaque". |
| Outras características | A: Apresenta certa dificuldade em produzir vogais nasais. | "Não", "mandando" |
| | B: Sabe identificar outros sons que lhe causam dificuldade. | "organizações", "expansão" |

## Atividade 3 • [CD1/02]

Falante brasileiro A = mais fácil de ser entendido; fluente e claro.
Falante brasileiro B = mais difícil de ser entendido; menos fluente; com sotaque forte do PB.

PERFIL DE PRONÚNCIA (respostas sugeridas)

| Elementos de pronúncia | Falante | Exemplos |
|---|---|---|
| Vogais | A: Faz distinção entre vogais longas e curtas. | "t<u>ee</u>nager, typical, kids, ninet<u>ee</u>n" |
| | B: Pronuncia /ɔ/ ao invés de /ʌ/. | "company" |
| Consoantes | B: Tende a introduzir uma vogal antes da consoante inicial. | "ispeak", "islowly" |
| Acentuação da palavra | A: Faz distinção entre sílabas acentuadas e não acentuadas. | "afford", "abroad", "language" |
| | B: Faz pouca distinção entre sílabas acentuadas e não acentuadas. Acentua sílabas inadequadamente. | "everyone" "Assistant" ao invés de "aSSIStant" |
| Acentuação da frase | A: Faz distinção entre palavras acentuadas e não acentuadas. Dá destaque às palavras de maior relevância informativa dentro de cada grupo. | ..."**then** at the **end** of **high school**" "**Eventually**, you end up **LIKING** the language." |
| | B: Não faz distinção entre palavras acentuadas e não acentuadas. | "I started learning when I join'a company" "I have some problems understanding English" |
| Entonação | A: Organiza a mensagem em grupos de palavras; varia o tom da fala no relato. | "... you're kind of forced to learn it / but eventually you end up liking the language ↘↗ and want to move on↘." |
| | B: A variação do tom aproxima-se da variação do PB. | "Well, I have to think first before I say something, don't I?" |
| Outras características | B: Procura articular as palavras, porém com maior aproximação dos sons do PB. | "Some people say" |

## Atividade 4

1) Além de expressar suas impressões e sentimentos com relação aos símbolos fonéticos, talvez você questione as razões de conhecer, entender e utilizar tais

símbolos. Na verdade, uma das principais vantagens é promover maior autonomia nos estudos de inglês e auxiliar na utilização de dicionários e materiais de autoestudo.

2) /iː, uː, u, ɪ, e, p, b, t, d, k, g, f, v, s, z, m, n, h, r, l, w, j/

3) /ð, ʊ, ɜː, ɑː, ɔː, æ, ʌ, ɒ, θ, ð, ʃ, ʒ, tʃ, dʒ, ŋ/

**Atividade 5**

Vogais: /iː, ɪ, u, uː, e, ð, ɜː, ɔː, æ, ʌ, ɑː, ɒ/

Ditongos: /ɪð, eɪ, uð, ɔɪ, eð, ðu, aɪ/

Consoantes: /p, b, t, d, tʃ, dʒ, k, g, f, v, dʒ, θ, ð, s, z, ʃ, ʒ, m, n/

Sílabas tônicas: ▮ acento primário

▮ acento secundário

Sinais de entonação: ↗ ascendente   ↘ descendente   → nivelada

**Atividade 6**

Vogais longas: /iː  ɜː  ɔː  ɑː  uː/

Vogais breves: /ɪ  e  æ  ʌ  ð  ɒ  ʊ/

Há 12 sons vocálicos no inglês.

**Atividade 8**

Nomes:

| iː | ɪ | u | uː |
|---|---|---|---|
| Pete | Nick | Bush | Sue |
| e | ð | ɜː | ɔː |
| Ted | Milton | Burt | George |
| æ | ʌ | ɑː | ɒ |
| Pat | Chuck | Mark | Bob |

Palavras:

| iː | ɪ | u | uː |
|---|---|---|---|
| key | pit | put | two |
| e | ð | ɜː | ɔː |
| pet | ago | fur | port |
| æ | ʌ | ɑː | ɒ |
| pat | cut | part | pot |

**Atividade 10** • Compare suas respostas com as explicações apresentadas na Unidade 9, Pronúncia e ortografia.

**Atividade 11** • [CD1/06]

| PB | Número de sílabas | Acentuação da palavra | I | Número de sílabas | Acentuação da palavra |
|---|---|---|---|---|---|
| Austrália | 3/4 | ▪ **I** ▪ (▪) | Australia | 3 | ▪ **I** ▪ |
| Brasil | 2 | ▪ **I** | Brazil | 2 | ▪ **I** |
| Bolívia | 3/4 | ▪ **I** ▪ (▪) | Bolivia | 3 | ▪ **I** ▪ |
| Canadá | 3 | ▪ ▪ **I** | Canada | 3 | **I** ▪ ▪ |
| Coréia | 3 | ▪ **I** ▪ | Korea | 3 | ▪ **I** ▪ |
| Cuba | 2 | **I** ▪ | Cuba | 2 | **I** ▪ |
| Europa | 3 | ▪ **I** ▪ | Europe | 2 | **I** ▪ |
| França | 2 | **I** ▪ | France | 1 | **I** |
| Jamaica | 3 | ▪ **I** ▪ | Jamaica | 3 | ▪ **I** ▪ |
| Japão | 2 | ▪ **I** | Japan | 2 | ▪ **I** |
| Marrocos | 3 | ▪ **I** ▪ | Morocco | 3 | ▪ **I** ▪ |
| Peru | 2 | ▪ **I** | Peru | 2 | ▪ **I** |
| Portugal | 3 | ▪ ▪ **I** | Portugal | 3 | **I** ▪ ▪ |
| Rússia | 2/3 | **I** ▪ (▪) | Russia | 2 | **I** ▪ |

1) As sílabas das palavras em I têm número igual ou menor que as do PB. Nesse caso, nomes de países, há mais semelhanças do que diferenças em quantidade de sílabas.

2) Não há uma posição fixa para a sílaba tônica dos nomes de países em I; ela pode ocorrer em várias posições: primeira, segunda ou terceira sílaba.

**Atividade 12** • [CD1/07]

A professora 1, em sua fala, distingue melhor as sílabas tônicas das átonas. Na fala da professora 2, percebe-se que ela as pronuncia conforme o padrão de acentuação silábica do português.

**Atividade 13**

Há duas vogais em cada apelido.

Há três vogais na palavra "açude" e duas vogais em cada uma das palavras restantes.

## Atividade 16

Pete's from Leeds. He's a bee keeper. He speaks Japanese and Chinese. He likes reading about machines.

## Atividade 17 • [CD1/09]

PB: chip – kit – tick – risk. O falante percebe e produz a vogal /ɪ/ como em português, além de acrescentar uma vogal ao final das palavras.

## Atividade 18 • [CD1/10]

sieve – fridge – dish – rolling pin – grill – chopping board – knife – cooker – teapot – whisk – bread bin – jug – dishwasher – grater

## Atividade 19 • [CD1/11]

1) CHIPS. Chips are used in computers.
2) ILL. If you aren't feeling well, you may be ill.
3) SIT. The opposite of stand is sit, of course.
4) LIPSTICK. Girls like to put on lipstick.
5) KNIT. You can knit with a ball of wool and two long needles.
6) SPINACH. Spinach can make you strong.
7) KIDS. Kids is another word for children.
8) VITAMINS. When you're feeling weak, you can take vitamins.
9) PRETTY. The opposite of ugly is pretty.
10) BUSY. If you have a lot to do, you're very busy.
11) GYM. You go to the gym to do some exercise.
12) MILK. Babies drink lots of milk.

## Atividade 21 • [CD1/13]

*Cocktails*
Tequila                Gin and Tonic

*Starters*
Olives                 Pickled Onion           Shrimp Cocktail

*Soups*
Lentils                Spinach

*Salads*
Lettuce and Tomato     Olives and Cucumber

*Vegetables*
Cabbage

*Main Course*
Grilled Sardines       Roast Turkey            Roast Chicken

*Desserts*
Chocolate Pudd<u>ing</u>   Fresh F<u>i</u>gs

## Atividade 23 • [CD1/15]

T<u>e</u>d | b<u>e</u>d | p<u>e</u>t | r<u>ea</u>dy | Fr<u>e</u>nch | tw<u>e</u>nty | s<u>e</u>ven | ch<u>e</u>ss

## Atividade 25 • [CD1/17]

/æ/: c<u>a</u>mera | j<u>a</u>m | <u>a</u>pples | m<u>a</u>p | sleeping b<u>a</u>g | m<u>a</u>tches
/e/: t<u>e</u>nt | br<u>ea</u>d | ch<u>e</u>que-book

## Atividade 26 • [CD1/18]

| /e/ | /æ/ |
|---|---|
| tent | sand |
| fishing n<u>e</u>t | straw m<u>a</u>t |
| t<u>e</u>n m<u>e</u>n | racket |
|  | can |
|  | m<u>a</u>gazine |
|  | hat |
|  | sand<u>a</u>ls |

I can see a lovely beach. The sand looks soft and clean. I can see ten men near a fishing net... There's a tent, too. Outside the tent... mmm... I can see a straw mat. On the straw mat there's a magazine, a can of coke, a racket. And a pet is sitting next to a bag.

## Atividade 27 • [CD1/19]

|  | 1 | 2 | 3 |
|---|---|---|---|
|  | /ɪ/ | /e/ | /æ/ |
| b) tin | ✓ |  |  |
| c) bed |  | ✓ |  |
| d) sit | ✓ |  |  |
| e) mess |  | ✓ |  |
| f) neck |  | ✓ |  |
| g) ban |  |  | ✓ |
| h) pet |  | ✓ |  |
| i) Jim | ✓ |  |  |
| j) pan |  |  | ✓ |

## Atividade 28 • [CD1/20]

a) Where's the paper? I think you put it away in that big bag.

b) You got a nice tan, didn't you? Yeah, just ten days out on the beach do wonders!

c) I have a bad headache. Well, I'd take aspirin and go straight to bed.

d) We sat down in the meeting room at 2pm! But the presentation was set up for 3 o'clock.

e) What a mess, Julia! Tidy up, will you? Not now, mum. I'm having a chat on ICQ.

f) Have you seen Pat? She's gone to the pet shop.

g) Could you pass the jam, please? Sure. Here you go, Jim.

|    | /ɪ/ | /e/ | /æ/ |
|---|---|---|---|
| b) | didn't | ten | tan |
| c) |  | headache, bed | bad, aspirin |
| d) |  | presentation, set | sat |
| e) | will, tidy, having | mess | chat |
| f) |  | pet | Pat |
| g) | Jim |  | pass*, jam |

\* Pass em RP é /ɑ:/ e em GA é /æ/.

## Atividade 29 • [CD1/21]

1) A: I'd like to ask you a question...
   B: Yes? Well, could we talk after class?

2) A: I can't find my glasses anywhere.
   B: They're over there, on your passport.

3) A: I'm not very keen on fast food. Are you?
   B: Fast food? I quite like it sometimes.

4) A: It looks as if I stand a good chance of being promoted.
   B: Good for you!

Falante de /æ/ _____A_____

Falante de /ɑ:/ _____B_____

## Atividade 30 • [CD1/22]

<u>Mar</u>tin said it was <u>hard</u>.    I've lost my ID <u>card</u>.    Perhaps it's in the <u>car</u>.

## Atividade 31 • [CD1/23]

/ɑː/ ocorre na fala de Barbara, nas palavras sublinhadas abaixo. Como ela tem um sotaque britânico, a vogal longa inclui o r, que não é pronunciado.

Hello, I'm B<u>a</u>rbara. I'm an <u>ar</u>chitect and I was born in D<u>ar</u>tington, England. What do I do in my spare time? I like g<u>ar</u>dening and playing c<u>ar</u>ds with friends.

Na fala de Martin, ele pronuncia [ar] nas palavras sublinhadas abaixo.

Hi, I'm M<u>ar</u>tin. I'm from Ch<u>ar</u>lotte, USA. At the moment I'm taking <u>Ar</u>ts at College. In my sp<u>ar</u>e time I take p<u>ar</u>t in the college band. I play the guit<u>ar</u>.

## Atividade 32 • [CD1/24]

B: We lost our <u>money</u> and documents, sir.
A: And who's the <u>young</u> man?
B: My <u>brother</u>, sir.
A: Is that <u>blood</u> on your hand?
C: <u>Cut</u> myself getting off the <u>bus</u>, sir.
A: Mmmmm… It doesn't look very good, does it?

## Atividade 33 • [CD1/25]

a. You mixed some beautiful <u>colours</u>.

b. Is it true you live in a <u>hut</u> on the hills?

c. I'll have that chocolate <u>bun</u>, please.

d. Oh, help me here, will you? This weighs about a <u>ton</u>!

e. Let's take a break. How about a nice <u>cup of coffee</u>?

## Atividade 34 • [CD1/26]

A: What company do you work for?
B: Bright <u>colours</u> Inc.

A: Where were you last summer?
B: In the <u>country</u> with my <u>son</u>.

A: What are you having for <u>lunch</u>?
B: <u>Junk</u> food. A burger and chips.

A: Where's <u>mum</u>?
B: She's gone to the shops by <u>bus</u>.

A: How much does the <u>truck</u> weigh?
B: About a <u>ton</u> I think.

## Atividade 35 • [CD1/27]

I'm glad my <u>bro</u>ther's <u>co</u>ming from <u>Lon</u>don to spend a <u>mon</u>th with <u>us</u>. We will certainly have lots of <u>fun</u> and spend <u>lo</u>vely <u>sun</u>ny days by the seaside. My <u>you</u>ng sister and my <u>cou</u>sin are planning to join us. I just hope we have en<u>ou</u>gh <u>mo</u>ney to do everything we want to.

## Atividade 36 • [CD1/28]

B: Should I say /glʌv/.

B: /ˈkʌmpəni/.

B: No, it's /ˈkʌntri/.

B: You should say I /lʌv/ you.

## Atividade 38 • [CD1/30]

A: Where was the <u>box</u> of <u>cho</u>colates?
B: You'll never guess! In the baby's <u>cot</u>.

A: He hid in the <u>dog</u>'s house and then near a <u>pond</u>.
B: But you <u>got</u> him in the end?
A: No, he ran <u>off</u>.

A: How's <u>John</u>?
B: He has a bad <u>cough</u>. I'm taking him to the <u>doc</u>tor's.

A: I hear he's <u>got</u> <u>pots</u> of money.
B: I know… He's just bought a <u>yacht</u>!
A: Really?

## Atividade 40 • [CD1/32]

Morgan is from/was born in Baltimore. He works in New York. He's taking an Italian course at a school on New Port Road. He's married to Georgia and has four daughters.

## Atividade 41 • [CD1/33]

/ʊ/: cookbook, cushion, foot, pudding, cookies

/uː/: tooth, suit, shoe, stool, soup

## Atividade 42 • [CD1/34]

|  | vogal breve /ʊ/ | vogal longa /uː/ |
|---|---|---|
| A: Could you put those books away? | ✓✓ | |
| B: Sure. | ✓ | |
| A: I can't open the door, Sue! | | ✓ |
| B: Pull it! | ✓ | |
| A: Sugar? | ✓ | |
| B: No, thanks. I have to lose a few kilos! | | ✓ |
| A: More soup? | | ✓ |
| B: No, thanks. My bowl is still full. | ✓ | |

## Atividade 43 • [CD1/35]

Mr. (Brooke) is from Poole. He is a very (good)(cook) and has written several (cookery)(books). Have you tried his onion soup? It's wonderful! He won the (football) pools last Monday and is getting ready to go on a cruise. He says he wants to try the best food in the world. He is no fool!

## Atividade 44 • [CD1/36]

Herbert is a thirty-year-old journalist. He works for a fur company in Berlin, Germany. He is a friendly person. He first met his wife in Perth, Scotland, during his summer holidays. They got married on the third of February.

**Na variante britânica**, o som /ɜː/ é longo, sendo que os dois pontos (:) fazem as vezes do "r" que não é produzido em posição final e antes de consoante.

**Na variante norte-americana**, o "r" é pronunciado. Você poderá observar em dicionários americanos que o símbolo utilizado para o /ɜː/ é /ɝ/. O sinalzinho ligado ao símbolo informa que há um som de "r" que deve ser pronunciado. Isso acontece em **sílabas acentuadas** como, por exemplo, em "person".

Em **sílabas não acentuadas**, onde ocorre o *schwa*, o dicionário traz o símbolo /ɚ/, como em: "actor", "mother", entre outros.

## Atividade 45 • [CD1/37]

|  | 7) a skirt |
|---|---|
| 2) perfume | 8) a girl |
| 3) turkey | 9) a purse |
| 4) early | 10) a circus |
| 5) a shirt | 11) German |
| 6) a person | 12) a journalist |

## Atividade 46 • [CD1/38]

O falante B produz os sons vocálicos reduzidos.

## Atividade 47 • [CD1/39]

<u>a</u> ph<u>o</u>togra<u>ph</u>er | <u>a</u> bank tell<u>er</u> | a cashi<u>er</u> | <u>a</u> man<u>a</u>ger | <u>a</u> recepti<u>o</u>nist | <u>a</u> syst<u>e</u>ms an<u>a</u>lyst | <u>a</u> college gradu<u>a</u>te | <u>a</u> stud<u>e</u>nt | <u>an</u> <u>a</u>ccount<u>a</u>nt | <u>an</u> econ<u>o</u>mist | <u>an</u> <u>a</u>ttorney | <u>a</u>n architect

## Atividade 49 • [CD1/41]

sal<u>a</u>d | ba<u>co</u>n | sau<u>sa</u>ges | <u>p</u>otatoes | ca<u>rr</u>ots | spi<u>na</u>ch | a<u>spara</u>guses | chi<u>ck</u>en | bar<u>be</u>cue | <u>pa</u>paya | av<u>o</u>cado | straw<u>be</u>rries | mu<u>ffins</u> | brownies | le<u>mo</u>nade

## Atividade 50

| a | e | i | o | u |
|---|---|---|---|---|
| sausages | sausages | muffins | carrots | asparaguses |
| spinach | chicken |  | potatoes |  |
| asparaguses | strawberries |  | lemonade |  |
| papaya | barbecue |  | avocado |  |

## Atividade 51 • [CD1/42]

A: Marco tends to be a bit anxi<u>ous</u> about his work.
B: He's probably ambiti<u>ous</u>.
A: But he's gener<u>ous</u>, too. He shares information with his colleagues.

A: Jorge has a logic<u>al</u> mind. He likes solving problems.
B: Yes, and he always has an immedi<u>ate</u> solution, as well.
A: And I think he's persist<u>ent</u> and very effici<u>ent</u>.

A: Fernando's English isn't quite accu<u>rate</u>.
B: But he's doing well in the intermedi<u>ate</u> course.
A: Do you think he's ready for an internation<u>al</u> job?

/ə/ faz parte da sílaba átona em todos os adjetivos que terminam com -*ous*, -*al*, -*ate* e -*ent*. Portanto, o /ə/ somente ocorre em sílabas não acentuadas. Outros exemplos:

ous – genious, dangerous

al – personal, digital

ate – adequate, fortunate

ent – diligent, compliment

## Atividade 52 • [CD1/43]

| /iː/ | /ɪ/ | /e/ | /æ/ |
|---|---|---|---|
|  | fish |  | cat |
| /ə/ | /ɜː/ | /ʌ/ | /ɑː/ |
|  | bird |  |  |
| /ɒ/ | /ɔː/ | /ʊ/ | /uː/ |
| dog | horse | wolf |  |

## Atividade 53

s<u>i</u>t: w<u>o</u>men, pr<u>ett</u>y, coff<u>ee</u>, for<u>ei</u>gn

s<u>a</u>t: pl<u>ai</u>t, n<u>a</u>tural, s<u>a</u>d

s<u>e</u>t: <u>a</u>ny, corr<u>e</u>ct, b<u>u</u>ry, m<u>e</u>rry

c<u>u</u>t: w<u>o</u>rry, h<u>o</u>ney, c<u>o</u>mpany, m<u>o</u>ney

c<u>a</u>r: b<u>a</u>r, c<u>a</u>lm, gu<u>a</u>rd, l<u>au</u>gh

p<u>o</u>t: c<u>o</u>py, h<u>o</u>t, d<u>o</u>nkey

p<u>o</u>rt: w<u>a</u>r, m<u>o</u>dern, br<u>oa</u>d

p<u>u</u>t: w<u>o</u>man, b<u>u</u>sh, s<u>u</u>gar, p<u>u</u>ll, p<u>u</u>sh

f<u>oo</u>l: gr<u>ou</u>p, thr<u>ou</u>gh, sh<u>oe</u>

b<u>i</u>rd: <u>ea</u>rly, j<u>ou</u>rney, c<u>i</u>rcus

**Atividade 54** • Algumas sugestões:

|  |  |
|---|---|
|  | 6) /sli:p/ |
| 2) /red/ | 7) /beɪk/ |
| 3) /kʌp/ | 8) /dɪg/ |
| 4) /si:/ /sɔ:/ | 9) /dek/ |
| 5) /sæt/ | 10) /met/ |

**Atividade 55**

Assim, uma diferença básica entre as vogais ou monotongos do PB e do I é que existem doze sons vocálicos em I, enquanto no PB existem sete. Outra diferença básica é que em I existem sons vocálicos longos e breves.

**Atividade 57** • [CD1/45]

A: What's the a̲im of the course?
B: To tr̲a̲in you to teach kids.

A: How n̲i̲ce to see you! I'm glad you c̲a̲me.
B: Gr̲e̲at to see you, too. You haven't ch̲a̲nged!

A: So... how did you get to C̲a̲mbridge?
B: By tr̲a̲in.

A: Is this w̲i̲ne yours?
B: Yes. It's m̲i̲ne.

A: Lovely br̲o̲wn shoes...
B: Thanks. I got them in t̲o̲wn.

A: Excuse me. Do you have any ch̲a̲nge for a dollar?
B: Let me see... Sorry, I o̲nly have a d̲i̲me.

**Atividade 58**

1) 24 consoantes.

2) /tʃ/, /dʒ/, /θ/ e /ð/.
/tʃ/ e /dʒ/ existem como alofones.

3) Em geral, causam problemas aos falantes de PB os sons consonantais em posição inicial, tais como /p, t, k/; e, em posição final, /p, b, t, d, k, g, m, n, ŋ, l̩/.

**Atividade 59**

Vozeadas: /b d g v ð z ʒ dʒ m n ŋ w r l j/

Não vozeadas: /p t k f θ s ʃ tʃ h/

## Atividade 60

Consoantes vozeadas: <u>b</u>utter, <u>g</u>arlic, <u>b</u>read, <u>j</u>uice, <u>g</u>rapes, <u>d</u>onuts, <u>b</u>ananas, <u>g</u>reen (peppers)

Consoantes não vozeadas: <u>ch</u>eese, <u>f</u>ish, <u>c</u>ereal, <u>c</u>ookies, <u>s</u>oup, <u>k</u>iwis, <u>p</u>lums, <u>t</u>omatoes, <u>c</u>arrots, <u>t</u>ea, (green) <u>p</u>eppers

## Atividade 61

Vozeadas: Isabel's zip, blouse, juice, vine, daisies, jam.

Não vozeadas: Sam's sweater, shoes, soap, paper, pen, file, shaving kit.

## Atividade 62 • [CD1/46]

Nas frases "Take your time", "Two cups of coffee", "Pass the pepper, please" e "It's cold outside", as consoantes plosivas /p/, /t/ e /k/ são produzidas com aspiração.

## Atividade 64 • [CD1/48]

Nas três situações, o mal-entendido se deve ao fato de os falantes A produzirem as palavras "pins", "peas" e "Parker" sem aspiração (*bins* = lata de lixo, *pins* = alfinetes), fazendo com que seu interlocutor entenda "pins" como "bins", "peas" como "bees" e "Parker" como "Barker".

## Atividade 65 • [CD1/49]

9) Shall I <u>p</u>ut the <u>T</u>V on the <u>c</u>abinet?
2) On that <u>t</u>able, <u>p</u>lease.
4) What are you <u>t</u>aking, <u>T</u>essa?
7) <u>C</u>offee, <u>t</u>ea, <u>t</u>oast and <u>c</u>ookies.
8) When does the <u>c</u>ourse start?
5) Tuesday, Sep<u>t</u>ember 20<sup>th</sup>.
10) Mmm... I'm <u>p</u>eckish.
6) There's some <u>p</u>ie and cheese <u>c</u>ake in the <u>k</u>itchen.

## Atividade 66

| Paul is good at... | Ted is good at... | Carol is good at... |
|---|---|---|
| packing | taking pictures | flying a kite |
| playing cards | telling stories | cooking |

**Atividade 67 • [CD1/50]**

1) A **car** is something you drive.

2) **Crime** is something related to criminals.

3) You keep petrol in a **tank**.

4) A **park** has tees and flowers. People go walking or running in it.

5) Children fly **kites** when it is windy.

6) **Come** is the opposite of go .

7) You use a **key** to open a door with.

8) You usually write and send a **card** at Christmas time.

9) A **crew** is a team that works on planes or ships.

10) **Tea** is a British favourite hot drink.

**Atividade 68 • [CD1/51]**

1) a – someone cashing a cheque

2) a – watching TV

3) b – car in a dish

4) a – a packet of chips

**Atividade 70**

Chichester, Cambridge, Georgia, Virginia, Argentina, Egypt, Nigeria, Japan, China, Germany, Manchester.

**Atividade 73 • [CD1/54]**

Diálogo 1: falante B; diálogo 2: falante A; diálogo 3: falante B; diálogo 4: falante A

**Atividade 74**

thirty | bathroom | mouth | both | anything | thin

**Atividade 75 • [CD1/55]**

A: It's really hot, isn't it?
B: It's 38 degrees Celsius.

A: Where do you live?
B: On the eighth floor.

A: When's your birthday?
B: On the twelfth of June.

A: How much would you like to cash?
B: Three hundred and thirty five dollars.

## Atividade 76

1) Resposta pessoal.

2) Independence Day in Brazil – 7th September; Independence Day in the USA – 4th July

3) Teacher's Day – 15th October

4) Valentine's Day in Brazil – 12th June; Valentine's Day in the UK and the USA – 14th February

5) Resposta pessoal.

6) Resposta pessoal.

## Atividade 77 • [CD1/56]

1) ... I saw her <u>with</u> one of her classmates <u>the</u> <u>other</u> day.
2) ... And I saw her <u>brother</u> at <u>the</u> <u>theatre</u> <u>the</u> <u>other</u> night.

3) OK. We'll do some History and Zen Philosophy.
4) OK. We'll do some History and <u>then</u> Philosophy.

5) It didn't take me long to discover where you live!
6) Will <u>this</u> cover your costs?

7) Dad's right!
8) <u>That</u>'s right!

## Atividade 79 • [CD1/58]

| /r/ | /h/ |
|---|---|
| hide | ride |
| heal | real |
| red | head |
| hut | rut |
| rot | hot |

## Atividade 80 • [CD1/59]

1) Sue gave me a big rug. (a)

2) Put the box in the rear. (b)

3) He's hiding in the park. (a)

4) We live in a rut. (b)

5) What's your height? (b)

## Atividade 85 • [CD1/64]

Diálogo 1: falante B – I'mi goingi to have a baby

Diálogo 2: falante A – I'mi thinking a taking thati jobi in the south. Noti yeti. He's away in a bigi meeting or something.

Diálogo 3: falante C – I'm calling abouti...

## Atividade 86

Os sons consonantais finais que encontrei são:
/r/ em: Distanciar, observar, trabalhar
/z/ em: aos, outros, os resultados
/s/ em: mais

## Atividade 87 • Algumas observações:

I – Exceto /w, j, h/, todos os outros sons consonantais ocorrem tanto em posição inicial quanto final.

PB – Há três ocorrências de sons consonantais em posição final: /s, r, l/

## Atividade 88

1) I = 24
PB = 21, incluindo as semivogais /w, j/.

2) Em posição inicial, os fonemas consonantais: /p, t, k, b, d, g, f, v, s, z, ʃ, ʒ, m, n, l, w, j, tʃ, dʒ/ são encontrados nas duas línguas, sendo que em PB [tʃ, dʒ] são alofones (ou variantes) dos fonemas /t/ e /d/ respectivamente.
Em posição final: /s/.

3) /r, h, θ, ð/ em I; /R, ɾ, ñ, λ/ em PB.

4) Algumas dificuldades: /R, ɾ, ñ, λ / por não ocorrerem em I. A nasal /m/ em posição final será pronunciada como em I, p. ex., em palavras como 'também', 'com', fechando os lábios.

5) /r, h, θ, ð/ por não ocorrerem em PB.
Todos aqueles sons que ocorrem em posição final em I, exceto /s/. Tais dificuldades podem aparecer devido ao fato de essas consoantes não terem a mesma distribuição em PB.

6) /p, t, k, b, d, g, f, v, s, z, ʃ, ʒ, m, n, l, tʃ, dʒ, ŋ, r, θ, ð/

7) /s/ e [ɫ]

8) O aprendiz brasileiro não trava a consoante em posição final em I e adiciona uma vogal aos vocábulos terminados em consoante, exemplo: "book", "deep", "mad" serão pronunciadas [bukI], [di:pI], [mædI], com uma sílaba extra. Veja o item 8.1.

## Atividade 89 • [CD2/01]

| mapʲ | lampʲ | torchʲ | bulbʲ |
| plugʲ | socketʲ | lead or cordʲ | switch |
| mugʲ | cupʲ | plateʲ | glass |
| forkʲ | lidʲ | potʲ | napʲkin |

## Atividade 90 • [CD2/02]

Whatʲ day? Nextʲ Wednesday.

Whatʲ name? Jackʲ Jones.

How old? Eightʲ.

How big? Very bigʲ.

How much? Aboutʲ nine dollars.

## Atividade 91 • [CD2/03]

A: Coul<u>d</u> you gi<u>ve</u> me a han<u>d</u> wi<u>th</u> the<u>se</u> book<u>s</u>? /d, v, d, ð, z, s/
B: Sure. Where do you wan<u>t</u> the<u>m</u>? /t, m/

A: Wha<u>t</u> do you nee<u>d</u> for the offi<u>ce</u>? /t, d, s/
B: A des<u>k</u>, a fili<u>ng</u> cabine<u>t</u>, a tab<u>le</u> and a ru<u>g</u>. /k, ŋ, t, l, g/

A: America<u>n</u> Engli<u>sh</u> or Briti<u>sh</u> Engli<u>sh</u>? /n, ʃ, ʃ, ʃ/
B: I really don'<u>t</u> min<u>d</u>. I jus<u>t</u> wan<u>t</u> to spea<u>k</u> the langua<u>ge</u>! /t, d, t, t, k, dʒ/

## Atividade 92 • [CD2/04]

O falante A parece ser mais fluente e tem uma pronúncia bastante compreensível.

O falante B, por não travar as consoantes em posição final, acaba produzindo vogais intrusivas, o que interfere no ritmo de sua fala.

### Atividade 93 • [CD2/05]

| small | passport |
|---|---|
| clothes | holds |
| strange | government |
| months | tired |
| breeze | snob |

### Atividade 94 • [CD2/06]

This is Anna. There's a night⌐ flight leaving next⌐ Monday. I don't⌐ like⌐ the idea of flying at⌐ night⌐ but I got⌐ the ticket⌐ for a really low price... Mmm... Thanks for collecting my passport⌐. The keys to my apartment⌐ are in the office. Just ask⌐ Phillip⌐. Anything special from New York⌐? Get⌐ back⌐ to me.

### Atividade 96

/lfθ/ December is the twelfth month of the year.

/nd/ February is the second.

/kθ/ June is the sixth.

/rθ/ April is the fourth.

/rd/ March is the third.

### Atividade 97 • [CD2/07]

Nova sílaba /ɪz/: George's, fixes, watches

Pronunciado como /z/: Anne's, sells, cars, who's, when's, he's, she's

Pronunciado como /s/: Jack's, rents, bikes, what's, it's

### Atividade 99 • [CD2/09]

| /ɪz/ | /s/ | /z/ |
|---|---|---|
|  | coats | household goods |
| glasses | kitchen units | shelves |
| dresses | lamps | irons |
| fridges | pots and pans | microwave ovens |
| dishwashers |  | washing-machines |
|  |  | rugs |
|  |  | pots and pans |

Sons finais que atraíram uma nova sílaba: /s, ʃ, tʃ, dʒ/

## Atividade 100 • [CD2/10]

No discurso espontâneo os finais em -es se juntam à palavra seguinte começando com uma vogal ou semivogal.

## Atividade 101

1) /ɪz/ é pronunciado como uma nova sílaba em palavras terminando em /s, z, ʃ, ʒ, tʃ, dʒ/ como *glasses, Liz's, washes, garages, catches, bridges*;

2) /z/ é pronunciado como uma combinação em palavras terminando em /b, d, g, v, ð, m, n, ŋ/ como *Bob's, lids, reads, lives, breathes, comes, pens, sings*; /l, r/, i.e., as consoantes vozeadas como em *schools, feels, cars*, e aquelas terminando em vogais e ditongos, como em *Lee's, she's, boys, ties, stays*;

3) /s/ é pronunciado como uma combinação em palavras terminando em /p, t, k, f, θ/, ou seja, as consoantes não vozeadas, como em *stops, pots, clocks, roofs, myths*.

## Atividade 102

a) 1   b) 3   c) 2   d) 5   f) 4

A alternativa a mais é: e) presente simples.

## Atividade 103 • [CD2/11]

-ed é pronunciado como sílaba extra em: *want/ed, need/ed, avoid/ed*.

/ɪd/ – uma nova sílaba em palavras terminando em /t/ e /d/ como *wanted, decided*;

/t/ – em palavras que terminam em /p, k, θ, s, tʃ, ʃ/, ou seja, as consoantes não vozeadas, como em *stopped, asked, bathed, danced, matched, finished*;

/d/ – em palavras que terminam em /b, g, l, m, n, v, ð/, ou seja, as consoantes vozeadas como *robbed, plugged, called, claimed, trained, scared, loved, breathed*; palavras terminando em ditongos, como *prayed, tied, annoyed, scared, flowed*.

## Atividade 105

| Forma básica | Passado simples |
|---|---|
| match (1) | matched (1) |
| laugh (1) | laughed (1) |
| change (1) | changed (1) |
| miss (1) | missed (1) |

| Forma básica | Passado simples |
|---|---|
| finish (2) | finished (2) |
| visit (2) | visited (3) |
| cover (2) | covered (2) |
| decide (2) | decided (3) |

### Atividade 106 • [CD2/12]

Nem todos os verbos têm o mesmo número de sílabas, conforme mostra o quadro acima. Os verbos que apresentam uma sílaba a mais no passado simples são: *visited* e *decided*.

### Atividade 107 • [CD2/13]

| /zd/: closed | /kt/: marked |
|---|---|
| /tʃt/ | /nd/: planned, listened |
| /rd/: entered | /md/ |
| /pt/: stamped, typed | /kst/: faxed |
| /st/: processed, addressed | /ld/: sealed |
| /vd/: received | /ɪd/: folded, recorded, corrected, printed, dated |

### Atividade 108 • [CD2/14]

Na fala corrente ou espontânea, os finais em -*ed* praticamente "desaparecem" quando a palavra seguinte começa com uma consoante ou uma combinação (por exemplo: I've clean' the kitchen; I've type'students'reports). Em outros casos, o final em -*ed* se une à palavra seguinte começando com uma vogal ou semivogal. Por exemplo: pressed your shirt.

### Atividade 109 • Sugestões:

I feel/get irritated when people keep me waiting.

I feel/get worried when the phone rings late at night.

I'm pleased when someone praises my work.

I'm distressed when I've lost something I like.

I feel scared when a suspicious-looking stranger approaches me.

I'm/I get annoyed when someone spills coffee on my new clothes.

I feel/get tired when I've marked lots of tests.

## Atividade 111

av<u>o</u>cado sal<u>a</u>d | d<u>e</u>licio<u>u</u>s chick<u>e</u>n | rabb<u>i</u>t | cott<u>o</u>n | p<u>o</u>lice | s<u>u</u>ggest | Aug<u>u</u>st | <u>o</u>ccasi<u>o</u>n | purp<u>o</u>se | elev<u>e</u>n | bisc<u>ui</u>t | circ<u>ui</u>t | thor<u>ough</u>

## Atividade 112 • [CD2/15]

1) though /ðəʊ/          3) cough /kɒf/          5) thorough /θʌrə/
2) through /θruː/        4) bough /baʊ/          6) tough /tʌf/

## Atividade 113

a) cut: tough, thorough

b) hot: thought (GA); cough

c) no: though

d) blue: through

e) now: bough

## Atividade 114 • [CD2/16]

| /ʌ/ | /ɜː/ | /ə/ | /jʊ/ | /uː/ |
|---|---|---|---|---|
| agric<u>u</u>lture | s<u>ur</u>plus | foc<u>u</u>sing | conf<u>u</u>sing | bird fl<u>u</u> |
| p<u>u</u>blic | n<u>ur</u>ses | proced<u>u</u>res | c<u>u</u>rable | concl<u>u</u>ded |
| prod<u>u</u>ction | | s<u>u</u>rplus | red<u>u</u>ced | |
| introd<u>u</u>ctory | | agricult<u>u</u>re | pop<u>u</u>lation | |
| <u>u</u>nderstood | | fav<u>ou</u>rite | ed<u>u</u>cation | |
| c<u>u</u>lture | | ad<u>u</u>lt | introd<u>u</u>ce | |
| comp<u>u</u>lsory | | | n<u>u</u>tritionists | |
| c<u>u</u>ltivate | | | c<u>u</u>linary* | |
| occ<u>u</u>rrence | | | <u>u</u>se | |
| <u>U</u>gly D<u>u</u>ckling | | | st<u>u</u>dents | |
| c<u>u</u>linary* | | | reg<u>u</u>lar | |
| <u>u</u>pcoming | | | | |
| p<u>u</u>ppets | | | | |
| y<u>ou</u>ng | | | | |
| pron<u>u</u>nciation | | | | |
| c<u>u</u>rrent | | | | |

* As duas formas são possíveis

## Atividade 115 • [CD2/17]

| /s/ | /k/ | /ʃ/ | /ʒ/ | /z/ | /ʀ/ |
|---|---|---|---|---|---|
|  |  | chuchu | tigelas | casa | roda |
| próximo | quero | maxixe | janelas | azuis | guerra |
| caça | pequena |  | gelo | exatamente | correndo |
| soltas |  |  | jeito | paraíso | riacho |
| manso |  |  |  |  | morro |
| excelente |  |  |  |  |  |
| poço |  |  |  |  |  |
| descendo |  |  |  |  |  |
| cresça |  |  |  |  |  |
| pressa |  |  |  |  |  |

## Atividade 116 • [CD2/18]

engin<u>e</u> | cas<u>t</u>le | wa<u>l</u>k | <u>h</u>our | <u>k</u>nock | si<u>g</u>n | hom<u>e</u> | de<u>b</u>t | plum<u>b</u>er | dau<u>gh</u>ter | complet<u>e</u> | lik<u>e</u> | is<u>l</u>and | <u>k</u>now | dou<u>b</u>t | cou<u>l</u>d | autum<u>n</u> | colum<u>n</u> | shou<u>l</u>d | foreign | design | <u>h</u>onour | recei<u>p</u>t | wei<u>g</u>h | mi<u>gh</u>t | <u>w</u>rong | lis<u>t</u>en | ei<u>gh</u>ty | machin<u>e</u> | w<u>h</u>is<u>t</u>le | lam<u>b</u> | <u>p</u>sychologist | <u>w</u>hole | <u>w</u>rite | ri<u>gh</u>t | pa<u>l</u>m | <u>h</u>onesty | ha<u>l</u>f | wa<u>l</u>k | We<u>d</u>nesday | han<u>d</u>kerchief | cu<u>p</u>board | C<u>h</u>ris<u>t</u>mas | <u>k</u>nee | ya<u>ch</u>t | dou<u>gh</u>

## Atividade 117 • [CD2/19]

|  | Número de letras | Número de sons |
|---|---|---|
| wrap | 4 | 3 |
| catch | 5 | 3 |
| bathe | 5 | 3 |
| smile | 5 | 4 |
| bare | 4 | 2 |
| bomb | 4 | 3 |
| awful | 5 | 4 |
| money | 5 | 4 |
| fought | 6 | 3 |
| calm | 4 | 3 |
| ache | 4 | 2 |
| watched | 7 | 4 |

## Atividade 118 • [CD2/20]

| I | PB |
|---|---|
| <u>ra</u>dio | <u>rá</u>dio |
| fan<u>tas</u>tic | fan<u>tás</u>tico |
| <u>mu</u>sic | <u>mú</u>sica |
| re<u>turn</u> | re<u>tor</u>no |
| <u>lan</u>guage | <u>lín</u>gua |
| <u>syl</u>lable | <u>sí</u>laba |
| e<u>xam</u>ple | e<u>xem</u>plo |
| <u>to</u>nic | <u>tô</u>nica |
| <u>lex</u>icon | <u>lé</u>xico |
| ho<u>tel</u> | ho<u>tel</u> |
| po<u>lice</u> | po<u>lí</u>cia |
| gui<u>tar</u> | gui<u>tar</u>ra |
| gi<u>raffe</u> | gi<u>ra</u>fa |

## Atividade 119 • [CD2/21]

| PB | I | I (correções) |
|---|---|---|
| co<u>ra</u>gem | <u>cou</u>rage | |
| organi<u>zar</u> | <u>or</u>ganise | |
| imi<u>tar</u> | <u>imi</u>tate | |
| impor<u>tan</u>te | im<u>por</u>tant | |
| tu<u>ris</u>ta | <u>tou</u>rist | |
| anali<u>sar</u> | <u>a</u>nalyse | |
| multipli<u>car</u> | <u>mul</u>tiply | |
| origi<u>nal</u> | o<u>ri</u>ginal | |
| improvi<u>sar</u> | <u>im</u>provise | |

## Atividade 121 • [CD2/23]

A: How do you make learners more inde**pen**dent?
B: I think our school team is de**ve**loping new materials on inde**pen**dent **lear**ning.
A: How can you make this activity really **in**teresting and com**mu**nicative?
B: Have you tried the **ad**jective game? My students love it!

**Atividade 123** • [CD2/25]

| LAli | liLA | LAlili | liLAli |
|---|---|---|---|
| adverb | confused | interesting | tomorrow |
|  | exam | exercise | disasters |
|  |  | Amazon |  |
|  |  | anything |  |
|  |  | adjective |  |
|  |  | summarise |  |
|  |  | Saturday |  |
|  |  | actually |  |
| **liliLA** | **LAlilili** | **liLAlili** | **liliLAli** |
| Japanese |  | ecology |  |
| Portuguese |  | encouraging |  |
|  |  |  |  |
|  |  |  |  |
|  |  |  |  |
| **liLAlilili** | **liliLAlili** | **lililiLAli** | **lililiLA** |
| communicative | ecological | imagination | responsibility |
|  |  |  |  |
|  |  |  |  |
|  |  |  |  |
|  |  |  |  |

Acentuação secundária: aparece com um sinal logo abaixo da palavra:

commun'ication
ˌ

respons'ibility
ˌ

ˈinitiative = não tem acento secundário

inter'action
ˌ

## Atividade 124 • [CD2/26]

| ■     ■ | ■     ■ |
|---|---|
| EX    port | ex    PORT |
| PRO    duce | pro    DUCE |
| TRANS fer | trans FER |
| CON    tact | con    TACT |
| RE    ject | re    JECT |
| IN    crease | in    CREASE |

Os substantivos (PROject) recebem o acento tônico na primeira sílaba; os verbos (proJECT), na segunda sílaba.

## Atividade 125 • [CD2/27]

1) Sílaba tônica dos verbos em PB: organi<u>zar</u>; anali<u>sar</u>; supervisio<u>nar</u>; enfati<u>zar</u>; facili<u>tar</u>; imi<u>tar</u>; multipli<u>car</u>; simplifi<u>car</u>.

2) Sílaba tônica dos verbos de origem latina em I: <u>or</u>ganise; <u>a</u>nalyse; <u>su</u>pervise; <u>em</u>phasise; fa<u>ci</u>litate; <u>i</u>mitate; <u>mul</u>tiply; <u>sim</u>plify.

## Atividade 126 • [CD2/28]

1) I had a **WONderful** party last Saturday.

2) The girl wearing that **aMAzing** blue dress is my sister.

3) Help yourself to anything you want in the kitchen when you feel **HUNgry**.

4) I don't think Mary's boyfriend is a **reLIable** person.

5) Have you seen my new car? It's **fanTAStic**.

6) When people see you worried they usually say "be **HAppy**".

## Atividade 127 • [CD2/29]

Hello, passengers of flight 170 bound for Seattle, with stops in New York and Chicago. The departure gate has been changed to 23 D.

This is an announcement for passengers on flight 232 to Manaus. The flight has been delayed due to bad weather. Our new departure time is 10:50 AM.

Na segunda elocução, o falante não dá destaque (atribuição de acento frasal) às palavras de maior relevância informativa dentro de cada grupo. As palavras de conteúdo (announcement, flight, delayed, bad, weather) não estão muito diferenciadas em termos de acentuação e articulação das vogais, o que pode prejudicar a inteligibilidade.

## Atividade 130 • [CD2/31]

**Antes da decolagem**

Good evening, ladies and gentlemen. On behalf of BR Airlines, Captain Maurício Macedo, Copilot Rafael Álvares, Flight Attendants Alessandra Nunes, Eduardo Andrade, and myself, Cabin Chief Bueno, welcome aboard our Boeing 737-800.

This is BR Airlines flight number BR 6541 to Paris.
Please watch the safety instructions video on the screen in front of you.
Fasten your seat belts, place your seat back in the upright position and make sure your tray tables are closed and locked. Thank you.

Na primeira elocução, o comissário parece não se preocupar em articular e acentuar corretamente as palavras na frase; não pausa adequadamente entre grupos de palavras e sua entonação monótona indica indiferença aos ouvintes, ou seja, parece não se importar se é entendido pelos passageiros.

## Atividade 131

**Após o pouso**

<u>Ladies</u> and <u>gentlemen</u>. <u>Welcome</u> to <u>Paris</u>. It's <u>now</u> <u>8:23</u> <u>am</u>, <u>local</u> <u>time</u>, and the <u>temperature</u> is <u>17ºC</u>. <u>Please</u> <u>remain</u> <u>seated</u>, with your <u>seat</u> <u>belts</u> <u>fastened</u> until the <u>aircraft</u> <u>comes</u> to a <u>complete</u> <u>stop</u>. We <u>look</u> <u>forward</u> to <u>having</u> you <u>again</u> on our <u>BR</u> <u>aircraft</u>. <u>Thank</u> you for <u>flying</u> <u>BR</u> <u>Airlines</u> and <u>have</u> a <u>good</u> stay.

## Atividade 132 • [CD2/33]

If you ⬚sleep⬚ on it, ⬚make⬚ it ⬚up⬚.

If you ⬚wear⬚ it, ⬚hang⬚ it ⬚up⬚.

If you ⬚drop⬚ it, ⬚pick⬚ it ⬚up⬚.

If you ⬚eat out⬚ of it, ⬚put⬚ it in the ⬚sink⬚.

If you ⬚step⬚ on it, ⬚wipe⬚ it ⬚off⬚.

If you ⬚open⬚ it, ⬚close⬚ it.

If you ⬚empty⬚ it, ⬚fill⬚ it ⬚up⬚.

If it ⬚rings⬚, ⬚answer⬚ it.

If it ⬚howls⬚, ⬚feed⬚ it.

If it ⬚cries⬚, ⬚love⬚ it.

## Atividade 135 • [CD2/35]

( 1 ) December
( 9 ) overcome

( 2 ) comparatively
( 6 ) certainly
( 3 ) superimpose
( 5 ) activity
( 7 ) pretty
( 8 ) delicacy
( 4 ) democratic
( 10 ) trainee

**Atividade 136** • [CD2/36] Algumas sugestões:

1) guarantee: I believe
2) October: It's over
3) selfish: Tell me
4) canteen: I see
5) envelope: Write to them
6) enthusiastic: He's a musician
7) aquamarine: She was at home
8) sympathetic: It's a legend

**Atividade 137**

vogal + vogal: Quero uma; branca e; manso e; gelo e a; uma horta com maxixe e; e onde; Não é;

/z/ + vogal: Amigos à mesa; janelas azuis; brancas e; mas é quase isso...

Outros tipos de ligação:

roda de amigos

sem o

com excelente água

exatamente o paraíso

**Atividade 138** • [CD2/37]

consoante + vogal: picture on; Take out; Find out; words in exercise four;

with a partner; Is everyone; write it; Speak up; Work out; hand in

vogal + vogal: the answers

**Atividade 139** • [CD2/38]

Get up at eight

Call Alice

Sign up for the arts course

Fetch Ingrid

Pick up suit at cleaner's

**Atividade 140** • [CD2/39]

Interviewer: Good afternoon. Take a seat.

Teacher: Thank you.

Interviewer: You're…

Teacher: Carolina Mattos de Sousa.

Interviewer: Yes. Here's your resumé… perhaps you could start by telling me about your experience with young learners, Carolina.

Teacher: Well, I taught kids in a small language school in my hometown for about two years. And then I moved to Recife where I got a job at the…

**Atividade 141** • [CD2/40] Ligações na fala do entrevistador:

Interviewer: So, your full name is…

Interviewer: And what's your English background? Where did you learn it?

Interviewer: Right. And how about your teaching experience?

Interviewer: Why have you chosen English as a career?

Interviewer: OK. Thank you for coming. We'll contact you as soon as possible.

## Atividade 143 • [CD2/42]

Nesta segunda versão, as elocuções são pronunciadas com mais ritmo, mais naturalidade e mais ênfase nas palavras que expressam instruções importantes.

## Atividade 144

Ladies n'gentlemen/ we'd like to inform you/ we'll be landing/ ...position n' make sure/ ...tables are closed n' locked.

## Atividade 145 • [CD2/43]

O falante 2, apesar de interagir de modo inteligível e adequado à situação, utiliza menor variação de altura melódica (pitch range). Acentua as sílabas adequadamente (language literature), porém, na frase, tende a enfatizar normalmente palavras não acentuadas como em:

I quite like it, ... language and literature;

por isso, o ritmo e a tonalidade parecem mais fragmentados.

## Atividade 146 • Sugestões de alguns significados:

JÁ? = demonstra surpresa com o fato de algo ter acontecido antes do esperado; perguntando se alguém ou algo está pronto.

JÁ. = resposta às perguntas do tipo: Você já terminou o trabalho? Você já está pronto/a? Quando você pode começar?

JÁ! = ordem.

a) JÁ?  b) JÁ!  c) JÁ.

## Atividade 147 • [CD2/44] Sugestões:

|  | Quem são os falantes? | Onde estão? | Sobre o que estão falando? |
|---|---|---|---|
| Sequência 1 | Dois amigos/as; dois/duas colegas de trabalho etc. | Bar; café; casa de um dos dois etc. | Sobre como B gostaria de tomar seu café: puro, com leite, com açúcar ou com adoçante. |
| Sequência 2 | Mãe e filho/a; mulher e marido; amigos etc. | Na rua ou dentro de algum lugar onde está muito frio. | Sobre a temperatura do ambiente onde se encontram. B está congelando e A oferece um agasalho ou um cachecol. |

|  | Quem são os falantes? | Onde estão? | Sobre o que estão falando? |
|---|---|---|---|
| Sequência 3 | Amigos/as; pai/mãe e filho/a; namorados; colegas etc. | Em casa; numa doceria; num restaurante etc. | Saboreando algum tipo de comida ou bebida. |
| Sequência 4 |  | Num ambiente de trabalho; numa sala de aula etc. | A respeito de deixar ou não o ar-condicionado/o ventilador/a luz etc., ligada/o. |
| Sequência 5 | Fotógrafo e modelo. | Num estúdio fotográfico. | Sobre a pose para a foto que vai ser tirada em seguida. |
| Sequência 6 | Marido e mulher; casal de namorados; amigos etc. | Em casa; no trabalho etc. | Sobre o humor de B, que parece estar com problemas financeiros. |

**Atividade 148** • **[CD2/45]**

| | |
|---|---|
| 1) <br> Who? ↘ <br> You. ↘ <br> Me? ↗ <br> Yes. ↘ | 5) <br> Put it away. ↘ <br> Where? ↘ <br> Here. ↘ <br> Why? ↘ |
| 2) <br> When? ↘ <br> Today. ↘ <br> Too busy. ↘ <br> Too bad. ↘ | 6) <br> Turn it down. ↘ <br> No. ↘ <br> Turn it down! ↘ <br> I won't. ↘ |
| 3) <br> Whose? ↘ <br> Mine. ↘ <br> Yours? ↗ <br> Yes. ↘ | 7) <br> She's gone. ↘ <br> Sure? ↗ <br> Yes. ↘ <br> Good. ↘ |
| 4) <br> Here or to go? ↗↘ <br> To go. ↘ <br> Thanks. ↘ <br> Bye. ↘ | 8) <br> Cake? ↗ <br> Please. ↘ <br> Coffee? ↗ <br> Black. ↘ |

## Atividade 149 • [CD2/46]

A: Would you like some cake?

B: Mm? = **Não entendi o que você disse. Repita, por favor.**

A: Would you like some cake?

B: Mm. = **Sim.**

A: Here you are.

B: Mm! = **Está delicioso!**

A: Glad you like it. I made it myself. Would you like to try it with honey?

B: Mm? = **Não entendi.**

A: Honey. It's delicious with honey. Wanna try some?

B: Mm. = **Sim.**

A: Here you go.

B: Mm! = **Muito bom. Adorei!**

## Atividade 150 • [CD2/47]

|  | 1<br>(nomes = objetos diretos) | 2<br>(nomes = interlocutores) |
|---|---|---|
| 1) I don't know, Mr. Jones. |  | ✓ |
| 2) John doesn't remember Helen. | ✓ |  |
| 3) I haven't written mother. | ✓ |  |
| 4) She hasn't called, Mary. |  | ✓ |
| 5) I couldn't hear Dr. Jones. | ✓ |  |
| 6) We haven't met, Miss Smith. |  | ✓ |
| 7) I haven't forgotten, Prof. Johnson. |  | ✓ |
| 8) I haven't heard Bill. | ✓ |  |
| 9) He doesn't remember, Miss Black. |  | ✓ |
| 10) We don't know Dr. Smith. | ✓ |  |

## Atividade 151 • [CD2/48]

1) TEACHER: Why are you late↘, / Frank?↗

   FRANK: Because of the sign.↘

   TEACHER: What sign?↘

FRANK: The one that says, / "School Ahead, / Go Slow." ↘

2) TEACHER: Glenn, / how do you spell "crocodile"? ↘
   GLENN: K↗– R↗– O↗– K↗– O↗– D↗– I↗– A↗– L ↘
   TEACHER: No, / that's wrong. ↘
   GLENN: Maybe it's wrong, / but you asked me how *I* spell it. ↘

3) TEACHER: Donald, what is the chemical formula for water? ↘
   DONALD: H↗I↗J↗K↗L↗M↗N↗O. ↘
   TEACHER: What are you talking about? ↘
   DONALD: Yesterday you said it's H to O. ↘

4) TEACHER: Winnie, / name one important thing we have today that we didn't have ten years ago. ↘
   WINNIE: Me! ↘

5) TEACHER: Millie, / give me a sentence starting with "I". ↘
   MILLIE: I is↗…
   TEACHER: No, / Millie… / Always say, / "I am". ↘
   MILLIE: All right… / "I am the ninth letter of the alphabet." ↘

## Atividade 152 • [CD2/49]

No primeiro diálogo a palavra *new* é destacada em oposição à "second-hand".
No segundo, o falante A expressa uma escolha.
Provavelmente o falante do PB acentuaria a palavra *car* nos dois diálogos porque é a última palavra de conteúdo na sentença.

## Atividade 153 • [CD2/50]

1) A: Have you <u>seen</u> my <u>watch</u>?
   B: <u>Which</u> watch?
   A: The <u>silver</u> one.
   B: It's in the <u>safe</u>.

2) A: Can I <u>help</u> you?
   B: I want a <u>sweater</u>.
   A: What <u>kind</u> of sweater?
   B: A <u>woolen</u> one in <u>blue</u>.

3) A: Would you like a <u>drink</u>?
   B: <u>Wine</u>, please.

A: <u>Red</u>?
   B: Red is <u>fine</u>.
4) A: <u>What</u> do you do?
   B: I'm a <u>teacher</u>.
   A: I thought your <u>father</u> was a teacher.
   B: He's a <u>lawyer</u>.
5) A: Did you <u>hire</u> a <u>car</u>?
   B: I <u>bought</u> one.
   A: <u>Why</u>?
   B: It was a <u>bargain</u>.

# APÊNDICES

# A - O INGLÊS NO MUNDO

Com base no que você já ouviu e praticou nas atividades do livro, ouça os exemplos de variantes do inglês em diversas partes do mundo.

Dentre os aspectos de pronúncia listados abaixo, observe um ou dois e compare-os com variantes do inglês que você já conhece. O que você pode observar sobre essas variantes?

| Países onde o I é 1ª ou 2ª língua | Entonação | Ritmo na frase | Acentuação na frase | Acentuação silábica | Vogais | Ditongos | Consoantes |
|---|---|---|---|---|---|---|---|
| Nova Zelândia Falante nº ____ | | | | | | | |
| Trinidad e Tobago Falante nº ____ | | | | | | | |
| Austrália Falante nº ____ | | | | | | | |
| Irlanda Falante nº ____ | | | | | | | |
| Índia Falante nº ____ | | | | | | | |
| África do Sul Falante nº ____ | | | | | | | |
| Escócia Falante nº ____ | | | | | | | |

## VARIANTES DO INGLÊS

1 – BERTUS: I was born in Johannesburg which is a large city in my country, but I've lived and worked in São Paulo for the last eighteen months. The most common thing about my city is that... er... it... it was the... one of the only cities in the world that was not formed around a river because it was formed because of gold. I suppose one thing that is typical of my country is our love of sports and a happy environment. But I think what you will like most is that... erm... our country is a world in one place. We've got mountains, we've got rivers, we've got seaside, we've got everything... happy people. If you visit it, you'll find that our people to be quite happy and accommodating.

2 – DAVID: Hello, my name is David Allen Vinegrad and I come from Australia. My home town is a city called Bellorad which is 70 kilometers from Melbourne. Bellorad was established as a gold-mining town in the eighteenth and nineteenth century. Bellorad's very conservative with many parks and gardens and it snows in Bellorad, which might surprise some people. Melbourne is a very large city with about five million people now and it's down in the south of Australia. Australia is typified as being erm... wide, open country areas with lots of desert... Most of the population live on the coastal areas... we don't live inland because of the des... desert conditions... When you come to Australia, you'll be surprised to find that you're not bitten by sharks or attacked by snakes and crocodiles and most Australians have not seen those animals. These are the myths and legends about Australia... and when you meet Australians, you'll find that we're very quiet, conservative people who have very big hearts and welcome people, but we're really shy by nature.

3 – COLLETTE: I was born in a city called Glasgow. This city is in a country called Scotland, and Scotland is a very small country adjoined to England. The people from Scotland are very friendly... The men wear funny skirts called kilts and the ladies love to dance. Scotland has its own traditional food and drink. The drink is called whisky... it's very strong and... the food is called haggis. Haggis is not a small creature that runs around erm... in the fields. It's actually made in this... lining of a sheep's stomach and inside it there's barley and mutton... from the sheep. We love to dance in Scotland, we do a lot of Ceilidh dancing and you'll hear the bagpipes. That's a traditional instrument played at Ceilidhs. Please come and visit us in Scotland. We'd love to meet you and take you out to dance at a Ceilidh.

4 – CLIVE: My name is Clive Swale. I was born in Te Tua, which is a very small town right at the very bottom of New Zealand. People know us as Kiwis... erm... from around the world. Something you'd really like about our country is the great outdoors. We have wonderful adventure tourism in New Zealand. You get a chance to go hiking, to see forests, to go up mountains, to swim in lakes... er... and enjoy... er... the nice taste of... er... wine, too in, in New Zealand from the different regions. Something you'll probably find nice about New Zealanders is that we're friendly, we welcome people in, we show them around and we like to... erm... make sure they have a nice time in both the north island and the south island. We have... erm... our capital. It's is in Wellington, which is at the bottom of the north island. It's not a big city, but it's, it's called the windy city.

5 – NUMAR: I was born in Delhi but I lived in Mumbai for a while. Ermm. I suppose the thing that is most difficult about India, that people look at is the food... erm..., you know, curry and all that. But... erm... I think you'll quite like the clothing, too. We have some very colourful saris and things when you go out on the streets, you know.

6 – SIOBHAIN: So, I was born in Port of Spain, in Trinidad, which is a West Indian island. One of the things that I suppose is quite typical of my country is the people's love of socialising. We call it liming and it means hanging around, getting to know one another and this is what Trinidadians prefer to do above anything else. Something that is typical of my country I suppose is great food... There's something we call roti, which is... actually came from the Indians because we have a lot of Indians living in Trinidad, and it's a very delicious type of food that we really enjoy eating. Er... If you visit Trinidad, you'll probably find that at first people are a little bit reserved, but as soon as you get to know them a little bit, they open up completely and then they really enjoy showing their country off, taking you around, taking you to our beautiful beaches to go and visit... Er... There's Carnival bands to listen to Calypso music. Trinidad is a great country and if you came to visit it, you'd love everything about it.

7 – EAMON: Hello, my name is Eamon and I'm from a town called Cork, in Ireland. In Ireland we love to sing, we love to go to the pub and we love to dance. So in many ways we're quite similar to Brazilian people. There's quite a lot of Brazilian people in Ireland, and the only thing they don't enjoy doing is suffering in the bad weather. What, what

Brazilians call bad weather because we have lots and lots of rain. But we would be very happy, if even more Brazilians came to Ireland, so come and visit us.

# B – Organizador de sons e soletração

Este organizador tem o propósito de auxiliar o usuário a internalizar a relação entre sons e ortografia do inglês. Cada vez que você deparar com uma palavra que queira catalogar, escreva-a abaixo da palavra-chave (que está dentro do retângulo), de acordo com o som de sua sílaba tônica.

| bee | bit | bet | Jack | cut |
|---|---|---|---|---|
| cheese | pig | pen | jam | bus |
| tree | | egg | hat | |
| queen | | | cap | |
| | | | flag | |
| | | | hand | |

| car / blue | hot | sport | book |
|---|---|---|---|
| star | doll | door | foot |
| shoe | sock | | |
| moon | watch | | |

| bird | ago |
|---|---|
| first | about |

| say | buy | boy | no | now |
|---|---|---|---|---|
| nail | my | toy | go | mouse |
| grape | | | | blouse |
| vase | | | | |

| here | poor | there |
|---|---|---|
| dear | tout | hair |

| share | pleasure | chair | John |
|---|---|---|---|
| sure | vision | nature | gin |

| think | they | sing | wet | yes |
|---|---|---|---|---|
| thank | brother | sink | queen | union |

# C – Organizador de acentuação silábica

O organizador abaixo objetiva ajudar o usuário a estudar o número de sílabas das palavras, assim como a acentuação da sílaba tônica. Cada vez que você encontrar uma palavra que queira registrar, escreva-a no quadro abaixo, de acordo com seu número de sílabas e sua sílaba tônica. Cada padrão silábico contém um exemplo.

| LA <br> ● | LA li <br> ● ● | li LA <br> ● ● |
|:---:|:---:|:---:|
| pen | teacher | about |
|  |  |  |

| LA li li | li LA li | li li LA |
| • · · | · • · | · · • |
| wonderful | important | understand |
|  |  |  |
|  |  |  |
|  |  |  |
|  |  |  |
|  |  |  |
|  |  |  |
|  |  |  |
|  |  |  |

| LA li li li | li LA li li | li li LA li |
| • · · · | · • · · | · · • · |
| emphasis | identity | complication |
|  |  |  |
|  |  |  |
|  |  |  |
|  |  |  |
|  |  |  |
|  |  |  |
|  |  |  |
|  |  |  |

# D – BIBLIOGRAFIA

Fonética e fonologia: enfoque na teoria ❶
Fonética, fonologia e ensino de pronúncia: teoria e prática ❷
Fonética, fonologia e ensino de pronúncia: prática ❸
Fonética, fonologia e ensino de pronúncia: artigos em revistas especializadas ❹
Dicionários ❺
Fonética e fonologia: sites na internet ❻
Língua internacional / língua franca e questões de identidade ❼
Teses e dissertações ❽
Palestras assistidas – anotações relevantes ❾

ABDALLA NUNES, Z. A. "Afinal, que história é essa de inglês internacional?" In: *Caderno Seminal Digital*. Rio de Janeiro: Dialogarts, v. 6, n. 6, pp. 95-108, jul./dez. 2006. ❼

_____. *Um estudo dos grupos assilábicos iniciais e finais em inglês e português*. Dissertação de Mestrado. Pontifícia Universidade Católica de São Paulo, 1987. ❽

_____; POW, E. M. "Non-Native Teachers, Here We Go!" In: *Contexturas* – Ensino crítico de língua inglesa, n. 13, pp. 79-91. São José do Rio Preto, SP: Apliesp, 2008. ❼

ARNOLD, J. *Affect in Language Learning Cambridge Teaching Library*. Cambridge: Cambridge University Press, 1999. ❼

AVERY, P.; EHRLICH, S. *Teaching American English Pronunciation*. Oxford: Oxford University Press, 1992. ❷

BAKER, A.; GOLDSTEIN, S. *Pronunciation Pairs*. Cambridge: Cambridge University Press, 1990. ❸

BAPTISTA, B. O. "A variação linguística na produção não nativa de sílabas do inglês". In: II Seminário Internacional de Fonologia: resumos, conferências, mesas-redondas e comunicações. Porto Alegre: Pontifícia Universidade Católica do Rio Grande do Sul, 2002, v. 1, pp. 1-21. ❹

_____. "Frequent pronunciation errors of Brazilian learners of English" In: FORTKAMP, Mailce Borges Mota; XAVIER, Rosely Perez (orgs.). *EFL teaching and learning in Brazil: Theory & practice*. Florianópolis: Insular, 2001, v. 1, pp. 223-30. ❹

_____. *The acquisition of English vowels by Brazilian-Portuguese Speakers*. Florianópolis: Universidade Federal de Santa Catarina, 2000, v. 1, 227 pp. ❹

_____. "Dificuldades do aluno brasileiro na colocação do acento vocabular em inglês". In: BOHN, Hilário Inácio; VANDRESEN, Paulino (orgs.). *Tópicos de linguística aplicada: o ensino de línguas estrangeiras*. Florianópolis: Editora da UFSC, 1988, pp. 154-65. ❹

BAPTISTA, B. O.; SILVA FILHO, J. L. A. "The influence of voicing and sonority relationships on the production of English final consonants". In: BAPTISTA, Barbara O.; WATKINS, Michael Alan (orgs.). *English with a Latin Beat: Studies in Portuguese/Spanish – English Interphonology*. Amsterdam: John Benjamins, 2006, v. 1, pp. 73-89. ❹

BENNET, K. *Going Native. Practical English Teaching* 14/3: 10-11, 1994. ❼

BOWEN, T.; MARKS, J. *The Pronunciation Book*. Harlow: Longman, 1993. ❸

BRADFORD, B. *Intonation in Context*. Cambridge: Cambridge University Press, 1988. ❷

BRAINE, G. *Non-Native Educators in English Language Teaching*. Lawrence Erlbaum, 1999. ❼

BRAWERMAN, Andressa. *Uma análise de erros de estudantes brasileiros de inglês na acentuação de palavras com sufixos*. Dissertação (mestrado em Letras), Universidade Federal do Paraná, 2006. ❽

BRAZIL, D. *Pronunciation for Advanced Learners of English*. Cambridge: Cambridge University Press. 1994. ❷

BOWLER, B. *Pronunciation Activities*. Mary Glasgow Magazines/Scholastic, 2005. ❸

BOYER, S. *Understanding English Pronunciation*. Boyer Educational Resources, 2001. ❷

CANAGARAJAH, S. TESOL Quarterly, VA, USA: Teachers of English to Speakers of Other Languages, Inc., 2005. ❹

_____. 29th IATEFL Conference. Cardiff, Wales, 7 abr. 2005. Anotações da Sessão Plenária intitulada "Globalization of English and Changing Pedagogical Priorities". ❾

_____. Reconstructing Local Knowledge. In: RICENTO, T.; WILEY, T. G. (orgs.). *Journal of Language, Identity and Education*, Lawrence Erlbaum Associates, Inc., 2002, pp. 243-59.

CASTRO, S. T. R. "O desenvolvimento do componente afetivo da aprendizagem de língua estrangeira em curso de Letras: fator crucial para a formação do futuro professor". In: SILVA, E. R.; UYENO, E. Y.; ABUD,

J. M. (orgs.). *Cognição, afetividade e linguagem*. Cabral Editora e Livraria Universitária, 2007. ❼

CAULDWELL, R. T. ELF/EIL Voices. Disponível em: http://speechinaction.net/SPARC_ELF.htm. Acessado em: 26 out. 2007. ❻

CELANI, M. A. A. "A relevância da linguística aplicada na formulação de uma política educacional brasileira". In: FORTKAMP, M. B. M. *Aspectos da linguística aplicada*. Florianópolis: Insular, 2000.

CELCE-MURCIA, M.; BRINTON, D.; GOODWIN, J. *Teaching Pronunciation*: a reference for teachers of English to speakers of other languages. Cambridge, UK: Cambridge University Press, 1996. ❶

CHELA-FLORES, B. *Teaching English rhythm: From theory to practice*. Caracas: Fondo Editorial Tropykos, 1998. ❷

CRUTTENDEN, A. *Gimson's Pronunciation of English*. 6. ed. Arnold International. Edição revisada de GIMSON, A. C. (1970). *An Introduction to The Pronunciation of English*. Londres: Arnold, 2001. ❶

CRUZ, N. C. "Intelligibility: Have you ever cared about the way your students are likely to pronounce the word 'culture'?" *BRAZ-TESOL Newsletter*, São Paulo, 20 dez. 2005, pp. 10-1. ❹

_____. "Minimal pairs: Are they suitable to illustrate meaning confusion derived from mispronunciation in Brazilian learner's English?" *Linguagem & ensino*, Pelotas, RS, 2005, v. 8, n. 2, pp. 171-80. ❹

_____. "An exploratory study of pronunciation intelligibility in the Brazilian learner's English". *The Especialist*, São Paulo, 2003, v. 24, n. 2, pp. 155-75. ❹

CRYSTAL, D. *English as a Global Language*. Cambridge: Cambridge University Press, 2003. ❼

_____. *English as a Global Language*. 2. ed. Cambridge: Cambridge University Press, 2003. ❼

CUNNINGHAM, S.; MOOR, P. *New Headway Pronunciation Course Elementary*. Oxford: Oxford University Press, 2002. ❸

DALTON, C.; SEIDLHOFER, B. *Pronunciation*. Oxford: Oxford University Press, 1994. ❶

DAVIES, A. *The Native speaker in Applied Linguistics*. Edinburgh: Edinburgh University Press, 1991. ❼

_____. "Proficiency or the native speaker: what are we trying to achieve in ELT?" In: COOK, G.; SEIDLHOFER, B. (orgs.). *Principle and Practice in Applied Linguistics. Studies in Honour of H. G. Widdowson*. Oxford: Oxford University Press, 1995. ❼

DELATORRE, Fernanda. *Brazilian EFL learners production of vowel epenthesis on words ending in -ed*. Dissertação (mestrado em Letras, Inglês e Literatura Correspondente), Universidade Federal de Santa Catarina, 2006. ❸

DIGBY, C.; MYERS, J. *Making Sense of Spelling And Pronunciation.* Englewood Cliffs, NJ: Prentice Hall, 1993. ❸

FIRTH, J. R. *Speech.* Londres, UK: Ernest Benn, 1930. ❶

_____. *The Tongues of Men.* Londres, UK: Watts & Co., 1937. ❶

FLEGE, J. "Second-language Speech Learning: Theory, Findings, and Problems". In: W. Strange (ed.). *Speech Perception and Linguistic Experience: Issues in Cross-language research.* Timonium, MD: York Press, 1995. ❶

FRESE, R. A. *The relationship between perception and production of words ending in -ed by Brazilian EFL learners.* Dissertação (mestrado em Letras, Inglês e Literatura Correspondente), Universidade Federal de Santa Catarina, 2006.

GILBERT, J. *Clear Speech from the Start.* Cambridge: Cambridge University Press, 2001. ❸

_____. *Clear Speech.* Cambridge: Cambridge University Press, 1993. ❸

GILBERT, J. *Speaking Clearly.* Cambridge: Cambridge University Press, 1990. ❸

GILL, S.; REBROVA, A. "Native and non-native: together we're worth more". *ELT Newsletter*, 2001. Disponível em: http://www.eltnewsletter.com/back/March2001/art522001.htm. Acessado em: 20 out. 2007. ❼

GRADDOL, D. *English Next.* Londres: British Council, UK, 2006. ❼

_____. *The Future of English.* Londres: The British Council, 1997. ❼

GRANT, L. *Well Said.* 2. ed. Boston: Tomson Learning, 2001. ❸

HANCOCK, M. *English Pronunciation in Use.* Cambridge: Cambridge University Press, 2004. ❸

_____. *Pronunciation Games.* Cambridge: Cambridge University Press, 1995. ❸

HAN, E. "Fair Opportunity for Nonnative English Speakers in TESOL". *Essential Teacher*, 4/1: 18-19, March. ❼

HAYCRAFT, B. *English Aloud 1.* Oxford: Heinemann, 1994. ❸

_____. *English Aloud 2.* Oxford: Heinemann, 1994. ❸

HEWINGS, M. *Pronunciation Practice Activities.* Cambridge: Cambridge University Press. ❸

_____; GOLDSTEIN, S. *Pronunciation Plus.* Cambridge: Cambridge University Press, 1998. ❸

_____. *Pronunciation Tasks.* Cambridge: Cambridge University Press, 1993. ❸

HOOKE, R.; ROWELL, J. A. *A Handbook of English Pronunciation.* Londres: Arnold, 1982. ❸

JONES, D. *Cambridge Pronouncing Dictionary*. P. Roach, J. Hartman & J. Setter (eds.). Cambridge: Cambridge University Press, 2003. ❺

JENKINS, J. *The Phonology of English as an International Language*. Oxford: Oxford University Press, 2000. ❶

_____. *World Englishes. Routledge English Language Introduction*. Routledge, 2003. ❼

JENKINS, J. *English as a Lingua Franca: Attitude and Identity*. Oxford: Oxford University Press, 2007. ❼

KAMHI-STEIN, L. (org.). *Learning and Teaching From Experience-Perspectives of Nonnative English-speaking Professionals*. The University of Michigan Press: Ann Arbor, 2004. ❼

KELLY, G. *How to Teach Pronunciation*. Harlow, Pearson Education, 2000. ❷

KENWORTHY, J. *Teaching English Pronunciation*. Longman Handbook for Teachers. Londres: Longman, 1987. ❶

KERSHAW, G. "Review of The Native Speaker in Applied Linguistics", de autoria de A. Davies. In: *ELT Journal*, 48/1: 90-92, 1996. ❼

KOERICH, Rosana Denise; BAPTISTA, B. O. "Perception and production of word-final vowel epenthesis by Brazilian EFL students". In: *First ASA Workshop on Second Language Speech Learning*, 2005, Vancouver. First ASA Workshop on L2 Speech Learning. Vancouver: Simon Fraser University, v. 1, p. 23. ❹

LADEFOGED, P. *Vowels and Consonants: an introduction to the sounds of languages*. 2. ed. Blackwell Publishing Ltd., 2005. ❶

_____. *A course in phonetics*. 4. ed. Nova York: Harcourt College Publishers, 2001. ❶

LEE, W. R. *'Natives and Non-natives': Much Ado about Something?* Palestra dada na Conferência do IATEFL em Brighton, 1994. ❼

LEROY, C. *Pronunciation*. Resource Books for Teachers. Oxford: Oxford University Press, 1995. ❶

LEVIS, J. M. "Changing Contexts and Shifting Paradigms". *TESOL Quarterly*, 39/3, pp. 369-76. ❹

_____. "Intonation in theory and practice, revisited." *TESOL Quarterly*, 33(1), 37-63.

LIEFF, C. D. "O ensino da pronúncia do inglês numa abordagem reflexiva". In: CELANI, M. A. A. (org.). *Professores e formadores em mudança*: relato de um processo de reflexão e transformação da prática docente. São Paulo: Mercado de Letras, 2003. ❷

_____. "Students' (Audio) Tape-Recording: Going far Beyond a Simple Pronunciation Teaching Method". In: *Contexturas* – Ensino crítico de língua inglesa, n. 3, Publicação Apliesp, 1996, pp. 63-71. ❹

LIEFF, C. D. "The Importance of Awareness in the Pronunciation Learning Process". Revista *Claritas*, Departamento de Inglês da PUC-SP, n. 3, EDUC, junho 1997. ❹

_____; POW, E. "Awareness in Pronunciation Instruction: taking a step further". In: *As We Speak* (the TESOL Speech/Pronunciation Interest Section Newsletter), v. 3, n. 1, janeiro 2000. ❹

LIEFF, C. D.; ABDALLA NUNES, Z. A. "Understanding and Empowering the Learner-Teacher in Pronunciation Instruction: Key Issues in Pronunciation Course Design". In: *Humanizing Language Teaching. Pilgrims Internet Magazine* Year 2, n. 6, novembro 2000. ❹

_____. "English Pronunciation and the Brazilian Learner: how to cope with language transfer". In: *Speak Out!* Newsletter of the IATEFL Phonology Special Interest Group, England, n. 12, pp. 18-28, agosto 1996. Revista *Claritas* – Departamento de Inglês da PUC-SP, n. 2, EDUC, 1993. ❹

LIN, A.; WANG, W.; AKAMATSU, N.; RIAZI, A. M. Appropriating English, Expanding Identities, and Revisioning the Field: From TESOL to Teaching English for Glocalized Communication. In: RICENTO, T.; WILEY, T. G. (orgs.). *Journal of Language, Identity and Education.* Philadelphia, PA: Lawrence Erlbaum Associates, Inc., 2002, pp. 295-316. ❼

LOPES DA SILVA, F.; RAJAGOPALAN, K. (orgs.). *A linguística que nos faz falhar.* São Paulo: Parábola, 2004. ❼

MARTINS, A. M. dos S. *A ocorrência de epêntese na produção oral (direcionada) da língua inglesa por alunos brasileiros.* Dissertação (mestrado em Letras), Universidade Federal do Paraná, 2005. ❽

MATOS, F. C. G.; CELCE-MURCIA, M. "Learners' pronunciation rights". In: *Braz-Tesol Newsletter.* São Paulo, setembro 1998, pp. 14-5. ❼

_____. *Criatividade no ensino de inglês: a resource book.* São Paulo: Disal, 2004. ❼

MCARTHUR, T. *The English Languages.* Cambridge: Cambridge University Press, 1998. ❼

MEDGYES, P. *The Non-native Teacher.* Oxford: Macmillan, 1994. ❼

MEIS, M. L. Spanish–Speaking EFL Teachers: Their Needs, Challenges and Advantages when Teaching English Pronunciation. In: *Speak Out! Newsletter of the IATEFL Pronunciation Special Interest Group.* The Americas Issue, 25, pp. 20-9, 2000. ❹

MILLER, S. *Targeting Pronunciation: The Intonation, Sounds, and Rhythm of American English.* Boston, MA: Houghton Mifflin Company, 2000. ❸

MINISTÉRIO DA EDUCAÇÃO E DO DESPORTO DO BRASIL. *Parâmetros Curriculares Nacionais. Língua Estrangeira.* Brasília: MEC, 1998.

MORLEY, J. (org.). *Pronunciation Pedagogy and Theory: New Views, New Directions*. Alexandria, VA: TESOL, 1994. ❶
_____. *Intensive Consonant Pronunciation Practice*. Ann Harbor: The University of Michigan Press, 1992. ❷
_____. *Rapid Review of Vowel & Prosodic Contexts*. Ann Harbor: The University of Michigan Press, 1992. ❷
_____. *Extempore Speaking Practice*. Ann Harbor: The University of Michigan Press, 1992. ❷
MURPHY, J. "Introducing Vowel Symbols through Information-Gap Procedures." In: BAILEY, K. M. (org.). *New Ways in Teaching Speaking*. Washington, DC: TESOL, 1994, pp. 233-40. ❹
NOLL, M. *American accent skills (book 1): Intonation, reductions, word connections*. Oakland, CA: The Ameritalk Press, 2000. ❷
_____. *American accent skills (book 2): Vowels and consonants*. Oakland, CA: The Ameritalk Press, 2000. ❷
O'CONNOR, J. D. *Better English Pronunciation*. Cambridge: Cambridge University Press, 1967. ❷
_____; FLETCHER, C. *Sounds English*. Harlow: Longman, 1989. ❸
ODDEN, D. *Introducing Phonology*. Cambridge: Cambridge University Press, 2005. ❶
PENNINGTON, M. C. *Phonology in English language teaching: An international approach*. New York: Addison Wesley Longman, 1996. ❶
PRATOR, Jr. C. H.; ROBINETT, B. W. *Manual of American English Pronunciation*. Holt, Rinehart and Winston, Inc., 1985. ❷
PONSONBY, M. *How Now Brown Cow?* Englewood Cliffs, NJ: Prentice Hall, 1982. ❸
POW, E. M. *De jazidas, garimpos e artífices: a formação fonológica do professor e sua identidade profissional*. Dissertação (mestrado em Linguística Aplicada ao Ensino da Linguagem), PUC-SP, 2003. ❸
RAJAGOPALAN, K. *Por uma linguística crítica – linguagem, identidade e a questão ética*. São Paulo: Parábola, 2003. ❼
RAUBER, Andréia Schurt; BAPTISTA, B. O.; BION, Ricardo Augusto Hoffmann. "The perception and production of English vowels by native speakers of Brazilian Portuguese." In: First ASA Workshop on Second Language Speech Learning, Vancouver. First ASA Workshop on L2 Speech Learning. Vancouver: Simon Fraser University, v. 1, pp. 25-6, 2005. ❹
RAUBER, Andréia Schurt; BAPTISTA, B. O. "The production of English initial /s/ clusters by Portuguese and Spanish EFL speakers." *Revista de Estudos da Linguagem*, Belo Horizonte, v. 12, n. 2, pp. 459-73, 2004. ❹

ROACH, P. *English Phonetics and Phonology*. Cambridge: Cambridge University Press, 2000. ❶
SCHMITZ, J. R. "A língua portuguesa corre perigo?!" *ComCiência*. Campinas, Unicamp, v. 24, 2001. Disponível em: http://www.comciencia/br. ❼
SEIDLHOFER, B. "Double Standards: teacher education in the Expanding Circle". *World Englishes*, 18/2: 233-45, 1999. ❼
SCHÜTZ, Ricardo. "English Made in Brazil". Disponível em: http://www.sk.com.br/sk-pron.html. Acessado em: 28 abr. 2008. ❻
SUÁREZ, J. Native and Non-Native: not only a question of terminology. In: *Humanising Language Teaching Year* 2, n. 6, 1-4 novembro 2000. ❼
TAYLOR, Linda. *Pronunciation In Action*. Englewood Cliffs, NJ: Prentice Hall, 1993. ❸
TENCH, P. *Pronunciation Skills*. Londres: Macmillan, 1987. ❷
UNDERHILL, A. *Sound Foundations*. Oxford: Macmillan, 2004. ❷
VAUGHAN-REES, M. *Rhymes and Rhythm*. Englewood Cliffs, NJ: Prentice Hall, 1994. ❷
_____. *Test your English Pronunciation*. Harlow: Pearson, 2002. ❷
WALKER, R. "Proclaimed and perceived wants and needs among Spanish teachers of English". In: *Speak Out! Newsletter of the IATEFL Pronunciation Special Interest Group*, 24, pp. 25-32, 1999. ❹
WALKINSHAW, I. "Dismantling the fallacy of native speaker educator superiority". *Voices*. n. 194: 8-9, jan./fev. 2007. ❼
WELLS, J. C. *Longman Pronunciation Dictionary*. Harlow: Pearson Education, 2005. ❺
WONG, R. *Teaching Pronunciation: Focus on English Rhythm and Intonation*. Englewood Cliffs, NJ: Prentice Hall. ❷

# Participantes das Gravações

## Locutores

Abram Moatshe
Anna Cowell
Bontle Moatshe
Cecilia Daher
Daniel Weber
Elizabeth Pow
Fernando Patau
Frederick William Kirkup
Mary Walker Cassaro
Stephen Butler
Tatiana Dawel

## Apêndice A

Bertus Berger (África do Sul)
Clive Swale (Nova Zelândia)
Colette Duffy (Escócia)
David Vinegrad (Austrália)
Eamon Lawlor (Irlanda)
Kumar Nadadur (Índia)
Siobhain Allum (Trinidad e Tobago)

**Cromosete**
Gráfica e editora ltda.
Impressão e acabamento
Rua Uhland, 307
Vila Ema-Cep 03283-000
São Paulo - SP
Tel/Fax: 011 2154-1176
adm@cromosete.com.br